基于数字化视角的
松品教育特色创建与实践

余振江 著

·广州·

图书在版编目（CIP）数据

基于数字化视角的松品教育特色创建与实践/余振江著. -- 广州：华南理工大学出版社，2024.12. -- ISBN 978-7-5623-7905-8

Ⅰ. G632.0

中国国家版本馆 CIP 数据核字第 202405SS56 号

Jiyu Shuzihua Shijiao De Songpin Jiaoyu Tese Chuangjian Yu Shijian
基于数字化视角的松品教育特色创建与实践

余振江　著

出 版 人：	房俊东
出版发行：	华南理工大学出版社
	（广州五山华南理工大学 17 号楼，邮编 510640）
	http：//hg.cb.scut.edu.cn　E-mail：scutc13@scut.edu.cn
	营销部电话：020-87113487　87111048（传真）
责任编辑：	张晓婷
责任校对：	宗　艺
印　刷　者：	广州小明数码印刷有限公司
开　　本：	787mm×960mm　1/16　印张：9.5　字数：186 千
版　　次：	2024 年 12 月第 1 版　印次：2024 年 12 月第 1 次印刷
定　　价：	45.00 元

版权所有　盗版必究　　印装差错　负责调换

序

农村学校数字化逆袭之路

在数字化时代背景下,教育领域的变革与发展正以前所未有的速度进行。在这场变革中,农村中学如何紧跟时代步伐,利用数字化手段提升教育质量,成了一个亟待解决的问题。江村中学余振江校长的专著《基于数字化视角的松品教育特色创建与实践》正是在这一背景下应运而生的,该书为我们提供了宝贵的实践经验和理论思考。

本书开篇即深入剖析了农村中学在数字化教育形势下的现状,从国际趋势、政策要求到校情需求,全面而深刻地揭示了数字化教育的重要性和紧迫性。作者不仅关注宏观层面的教育数字化趋势,更将视角聚焦于江村中学这一具体案例,通过翔实的数据和深入的分析,展现了农村中学在数字化教育道路上的探索与实践。

作者巧妙地将江村中学的松品教育理念与数字化教育相结合,提出了具有创新性和前瞻性的理论框架。松品教育作为江村中学的办学特色,其理念与数字化教育的融合,不仅丰富了教育数字化的内涵,更为农村中学的教育改革提供了新的思路,同时展示了作者深厚的理论功底,为我们理解数字化教育与松品教育的内在联系提供了有力的支撑。

本书从新课程体系、数字课堂新模式、教师数字化素养和校家社育人网络四个维度,详细阐述了松品教育的数字化实践。在新课程体系构建中,作者提出了松品课程的理念、目标、框架、内容、实施、评价和保障,形成了一个完整而系统的新课程体系。这一体系的建立,不仅为学生的学习提供了丰富的资源和多样的选择,更为数字化教育在农村中学的实施提供了有力的支撑。

在数字课堂新模式的构建中,作者强调了新型无感知 AI 数字课堂、数智技术与教学核心环节的深度融合,以及"教学评一体化"的核心理念。这些创新性的实践,不仅提升了课堂教学的效率和质量,更为学生提供了更加个性化、智能化的学习体验。

在教师数字化素养的重塑上，作者注重一体化教学教研应用的建设和教师专业素养的培养。通过一系列的培训、研修和交流活动，教师的数字化素养得到重塑并逐步提升，为数字化教育的深入实施提供了有力的人才保障。

在校家社育人网络的重建中，作者提出推进数字化建设、开展系列化活动和完善三级化管理等策略。这些策略的实施，不仅拓宽了校家社协同育人的空间，更为学生的全面发展提供了更加广阔的平台和更加丰富的资源。

教育数字化不仅是一场技术革命，更是一场教育理念和教学模式的深刻变革。我们只有不断创新、不断探索，才能在这场变革中立于不败之地。本书是一部集理论性、实践性和创新性于一体的佳作，不仅为我们提供了数字化教育的丰富案例和实践经验，更为我们思考如何在新时代背景下推动农村中学的教育改革和发展提供了宝贵的思路。本书的出版将为广大教育工作者和教育研究者带来深远的影响和启示。

让我们携手共进，共同探索数字化教育的美好未来！

华南师范大学研究员

2024 年 11 月 28 日

目录

第一章 重铸教育数字化新样态 ·· 1
第一节 背景分析：农村中学的数字化教育形势 ························ 1
一、教育数字化的国际趋势 ·· 1
二、教育数字化的政策要求 ·· 5
三、教育数字化的校情需求 ·· 7
第二节 理论依据：江村中学的松品教育来源 ···························· 8
一、松品教育的理论依据 ·· 8
二、教育数字化的理论依据 ··· 12
第三节 顶层设计：松品教育的数字化体系构建 ······················· 15
一、办学理念体系特色创建 ··· 15
二、数字化赋能学校综合治理 ·· 23
三、松品教育的数字化策略 ··· 25

第二章 重建数字融合课程新体系 ··· 29
第一节 松品课程的构建 ·· 29
一、课程理念 ··· 29
二、课程目标 ··· 29
三、课程框架 ··· 29
四、课程内容 ··· 31
五、课程实施 ··· 44
六、课程评价 ··· 48
七、课程保障 ··· 50
第二节 松品课程的数字化融合 ·· 63
一、创客编程 ··· 63
二、人工智能 ··· 65

第三章 重构数字课堂新模式 ·· 67
第一节 数字课堂的模式构建 ··· 67
一、建设新型无感知 AI 数字课堂 ···································· 68

二、数智技术与教学核心环节深度融合 …… 69
　　三、深化"教学评一体化"核心理念 …… 70
　　四、无感知 AI 课堂的校本化实施 …… 72
　第二节　数字融合的教学改变 …… 73
　　一、数字融合推进区域协同"双减" …… 73
　　二、数字融合改变特色课程教学路径 …… 76
　第三节　新模式的学科应用案例 …… 78
　　一、语文学科教学设计 …… 78
　　二、数学学科教学设计 …… 83
　　三、英语学科教学设计 …… 87
　　四、物理学科教学设计 …… 90
　　五、化学学科教学设计 …… 93

第四章　重塑教师数字化素养 …… 96
　第一节　数字化教学统筹管理 …… 96
　　一、一体化教学教研应用的建设思路 …… 96
　　二、一体化教学教研应用的具体策略 …… 97
　第二节　教师专业素养培养 …… 102
　　一、教师专业素养培养路径 …… 102
　　二、教师教科研论文选编 …… 107

第五章　重织数字化校家社育人网络 …… 131
　第一节　数字化校家社育人模式创建 …… 131
　　一、推进数字化建设，拓宽校家社协同育人空间 …… 132
　　二、开展系列化活动，发挥校家社协同育人作用 …… 135
　　三、完善三级化管理，健全校家社协同育人机制 …… 138
　第二节　数字化教育模式的区域协同 …… 141
　　一、点：以本校为基本单位，实施数字化校家协同管理 …… 142
　　二、线：校家社三级建联，建立"互联网＋"互动机制 …… 142
　　三、面：以点带面，构筑区域协同管理网络 …… 143

结语 …… 145

参考文献 …… 146

第一章

重铸教育数字化新样态

第一节 背景分析：农村中学的数字化教育形势

随着信息技术的迅猛发展和普及，数字化教育呈现出全球性的、加速发展的态势。教育数字化是指利用现代信息技术，如互联网、云计算、大数据技术等，对教育内容、教学方法以及教育管理进行数字化改造的过程。这个过程不仅仅是简单地将教育内容转化为数字形式，而是通过技术手段，优化资源配置，提升教育质量，创新教育模式，最终实现教育公平和高效的目的。教育数字化不仅要求教育内容和形式的创新，更深刻地呼唤着教育理念和教学模式的变革，为培养具有创新精神和实践能力的未来人才奠定坚实的基础。

从国际范围来看，各个国家或地区积极探索和实践教育数字化转型的路径，共同推动了全球教育数字化的深入发展。近年来，我国在推动教育领域与新兴技术融合方面迈出了坚实步伐。国家积极出台相关政策，加大投入力度，旨在推动教育技术的革新与应用，以适应新时代对人才培养的需求。在2024年的政府工作报告中，国家明确提出要深化大数据、人工智能等领域的研发应用，并开展"人工智能＋"行动，以进一步推动技术进步与教育改革的深度融合。

广州市白云区江村中学（简称江村中学）地处广州市白云区西北部江高镇，是一所地处城乡接合部的乡村学校。江村中学在不过多增加经费负担的前提下，依托现有简易条件，积极探索数字化教学与管理应用，通过家校共育、协同发展的模式，成功实现了学校的高质量转型发展，为乡村学校的教育数字化转型开辟了一条新路径。

一、教育数字化的国际趋势

（一）全球教育数字化的背景分析

第一，全球数字技术的迅猛发展。以人工智能、区块链、虚拟现实（VR）技术等为代表的数字技术正逐渐向人类生活的各个领域渗透，包括教育。这些技术的快速发展为教育数字化提供了强大的技术支持和推动力。各国政府高度重视数字化转型，将其作为推动人类社会发展和打造国家竞争优势的必由之路，并特别强调重点推动教育数字化转型，以抢占未来发展先机。

第二，教育需求的多元化与个性化。随着知识经济时代的到来，现代教育范式已不能满足个体对新机会、个人潜力的发展的追求。教育需求包括人类发展需求、国家战略需求、人才市场需求、个人发展需求等，逐渐多元化和个性化。这些需求构成"教育需求生态"，并驱动着教育系统向更加灵活、开放和创新的方向发展。教育数字化正是为了满足多元化和个性化的教育需求应运而生的。

第三，国际竞争与合作的需要。在全球化的背景下，各国之间的竞争日益激烈，而教育作为培养人才、推动科技创新和社会进步的重要领域，其数字化水平的高低直接影响到国家的竞争力和创新能力。因此，各国纷纷加强教育数字化建设，以提高教育质量、扩大教育规模、优化教育资源配置，从而在国际竞争中占据有利地位。同时，各国也在教育数字化领域开展广泛的国际合作与交流，共同推动全球教育数字化的发展。

第四，政策推动与资金支持。为了推动教育数字化的发展，各国政府纷纷出台了一系列政策和措施，包括制定教育数字化发展战略、加大资金投入、建设数字化教育资源库等。这些政策和措施为教育数字化提供了有力的保障和支持。

（二）各国推进教育数字化的举措概况

各国积极推动教育数字化的改革与实践，旨在提高教育质量、促进教育公平和创新人才培养模式。例如，俄罗斯联邦政府2017年发布的《俄罗斯联邦数字经济规划》，确定了俄罗斯数字经济发展的路线图，其中"人才和教育"是该规划提出的五个基本发展方向之一；此后，俄罗斯于2018年启动"数字化教育环境"项目，明确要建立安全数字化的教育环境。日本的数字化发展战略源于2009年制定的《i-Japan战略2015》，在教育方面强调要通过教育和人力资源领域建设，提高学生学习的积极性，培养信息技术人才。2018年9月，日本内阁发布的《人工智能战略草案》更是明确指出要培养中学生的数字化素养和人工智能专业人才。2019年，德国联邦政府正式启动《学校数字协定》，计划此后五年进行学校信息化平台建设；2021年7月，德国学术交流中心（DAAD）发布《21世纪高等教育数字化转型——全球学习报告2021》，聚焦公平使用、机构数字化转型、数字素养、虚拟协作四项行动，以及领导力、政策和行业三大建议。2020年9月，联合国教科文组织、国际电信联盟和联合国儿童基金会联合发布了《教育数字化转型：学校联通，学生赋能》，关注教育的数字化联通。同年，欧盟发布了《数字教育行动计划（2021—2027年）》，明确了欧盟层面未来需要推进"促进高性能的数字教育生态系统的发展"和"提高数字技能和能力以实现数字化转型"两大战略事项①。联合国教科文组织于2022年3月发布《联合国教科文组织教育信息技术研究所中期战略（2022—2025年）》，以应对包容和公平的教育数字化转型，实现可持续发展目标。2023年，法国发布了《2023—2027年教育数字化战略》。这些政策为教育数字化的改革和实践提供了明确的方向和有力的支持。

全球教育数字化的转型和变革主要涉及以下几个方面：

1. 基础设施建设与资源开发

一是夯实数字基础设施建设。各国都在加大数字教育基础设施建设投资，通过将最新的数字技术，如人工智能、物联网、云计算、大数据技术等融入教育信息化计划中，引领基础设施建设。例如，英国政府设立了2033年全英范围内实现全光纤连接的目标，加速向英国所有学校全面推广光纤互联网连接方式。韩国计划为中小学打造38万间有千兆网络的全息学习空间，构建以信息技术为支撑的未来教育体验馆和智能科学室。日本推进实施"GIGA学校"计划②，即"面向所有学校的全球创新门户项目"，旨在为幼儿园到高中配备完备的数字化设备，实现每位学生拥有一台计算机的目标，并优化无线通信网络和教育信息网络。德国通过实行"中小学数字协议"加大数字教育基础建设投资。新加坡为中小学购入LED展示屏和专项拨款支持数字环境更新。

二是开发应用数字资源。资源开发和平台建设是教育数字化转型的核心举措与主要内容，包括开发和建设信息化平台、数字教学平台、数字教材、电子书包、数字图书馆等。各国通过发展"数字公域"和"资源账户"、普及电子教科书、建立虚拟特许学校等方式，为学生提供更多的数字化学习资源。例如，英国建立了国家橡树学院，将近3500小时的优秀视频课程内容免费提供给所有教师、家长和儿童使用。韩国创建了基础教育阶段在线教学公共平台，为全学段的学习者提供多种数字化学习资源，并在幼儿园建立以数字化为基础的游戏环境。美国佛罗里达州将数字教材全面引入公立学校系统，并启动数字化教材五年改革计划。日本政府在2021年划拨22亿日元作为电子教材推广使用的资金，并于2024年全面引入电子教材。

2. 教学模式与学习方式创新

一是融合线上线下教学。随着数字化技术的发展，线上线下融合的教学模

---

① 祝智庭，胡姣. 教育数字化转型的理论框架[J]. 中国教育学刊，2022（4）：41-49.
② "GIGA学校"计划是日本政府提出的一项教育改革计划，旨在为学生提供高速互联网连接和个人设备的支持，促进信息与通信技术在教学中的应用。

式逐渐成为主流。这种教学模式既保留了传统课堂教学的优势，又充分利用了数字化技术的便捷性和互动性。

二是个性化学习。数字化技术使得个性化学习成为可能。通过数据采集和分析，教师可以更准确地了解学生的学习情况，为学生提供个性化的学习资源和指导。例如，人工智能可以为学生提供精准化、差异化、个性化的教学支持服务。

三是跨学科教学。通过将不同学科的知识和技能融合在一起，教师可以为学生提供更全面、更深入的学习体验。例如，采用跨学科的教学方法，将人工智能融入管理、医学、工程甚至是艺术等不同领域。其中，STEM（科学、技术、工程、数学）教育已成为全球教育热点领域，也是各国基础教育的重点发展领域。各国通过国家战略指引、课程更新建设、基础设施完善、专业教师培养等措施提升本国 STEM 教育质量。例如，美国各阶段教育发展政策都涉及 STEM 教育并强调创新发展。芬兰发布《STEM 国家战略和行动计划》，提出增加 STEM 教师、加强创新互动、提升公众对 STEM 的理解等措施。澳大利亚出台《国家 STEM 学校教育战略 2016—2026》，针对在 PISA 测试（国际学生评估项目测试）中国际排名下降等困境提出加强多方协作以改善 STEM 教育等措施。韩国与美国合作建立 STEM 学校，通过打造一流 STEM 学校为学生提供更为全面的学习资源。新加坡成立"新科学中心"，为儿童和青年提供身临其境的学习体验，并引入数字化资源，从而推动 STEM 教育发展。

3. 国际合作与交流

各国在教育数字化领域也加强了国际合作与交流。例如，在"2024 数字化终身学习国际会议"上，来自全球 24 个国家和地区的数百位教育界的权威专家、行业领军人物及学术精英齐聚一堂，共谋教育数字化转型大计。此外，全球数字化终身学习联盟的正式启动也标志着全球教育合作迈入崭新阶段。

其中，构建全球数字学习网络是教育数字化转型的重要方向之一。欧盟建立欧洲数字教育中心，加强欧盟层面数字教育的合作与交流。经济合作与发展组织倡导搭建数字平台，提供公开许可且可持续发展的开放教育资源。联合国教科文组织和联合国儿童基金会发起全球公共数字学习倡议，利用互联网、大数据、云计算等技术探索终身学习模式，构建数字化协同治理体系。联合国教科文组织也倡议加强对欠发达国家数字基础设施建设的援助，以弥合国家间、国内地区间以及不同人群间的数字鸿沟。

4. 提升师生数字素养与技能

教育数字化转型的关键在于提升教师、学生以及学校管理者的数字素养和技能。例如，欧盟重点关注教师数字素养提升，更新《欧洲数字化能力框架

2.2》并签发欧洲数字化技能证书,从课前、课中和课后三个环节为中小学教师和教育工作者提供教学培训和指导。经济合作与发展组织在2020年明确提出教师通过数字技术进行专业学习的前提条件,包括教师获得高质量的信息化工具及数字资源,提升教师的数字素养以及教师在线学习的参与度。新西兰用"体验、学习、调整"的模式,将数字学习列为课程的一部分,以培养学生的数字技能。澳大利亚将提升数字技能作为国家数字经济战略的一部分,推动雇主与培训提供者合作,强调全民都应成为数字学习者。日本要求在"GIGA学校"中对教师的信息通信技术指导能力进行培训,以适应"智能学校"的教学要求。

全球推进教育数字化的这些举措的实施将对教育模式和教育体系产生深远的影响,推动教育的创新和变革。

首先,它扩大了教育资源的覆盖范围,使得偏远地区的学生也能接触到高质量的教育资源。其次,数字化教育促进了个性化学习,学生可以根据自己的需求和兴趣选择学习内容和学习方式,提高了学习的主动性和积极性。同时,数字化教育为教育创新提供了可能,如虚拟实验、在线研讨等新型教学方式能够激发学生的学习兴趣和创造力。数字化教育还促进了教师的专业发展,通过在线培训和资源共享,教师能够不断提升自己的教学能力。它对教育系统的各个方面都产生了深远的影响,包括资源的分配、教学方法的改进以及教育公平性的提高。这些影响共同推动了教育质量的提升,使得教育更加高效和公平。

随着科技的持续进步,数字化教育的未来将更加光明,将为全球教育事业的进步增添新的动力。

二、教育数字化的政策要求

习近平总书记在主持中共中央政治局第五次集体学习时强调:"教育数字化是我国开辟教育发展新赛道和塑造教育发展新优势的重要突破口。"为推动教育数字化进程,促进教育公平、提高教育质量,我国出台了一系列政策文件、战略规划。

一是明确教育数字化战略地位。党的二十大报告明确提出:"推进教育数字化,建设全民终身学习的学习型社会、学习型大国。"《中共中央关于进一步全面深化改革 推进中国式现代化的决定》提出,"推进教育数字化,赋能学习型社会建设,加强终身教育保障",将教育数字化作为推动教育现代化和构建学习型社会的重要手段。教育部于2018年4月印发的《教育信息化2.0行动计划》,明确将教育信息化作为教育系统性变革的内生变量,支撑引领教育现代化发展。教育部、国家发展改革委、财政部于 2023 年 7 月联合印发《关于实施新时代基础教育扩优提质行动计划的意见》，明确"实施数字化战略行动，赋能高质量发展"等八项重大行动。教育部发布的《教育部 2022 年工作要点》提出"实施教育数字化战略行动"，加快推进教育数字转型与智能升级。

二是战略规划，为教育数字化指引方向。国务院发布的《"十四五"数字经济发展规划》，强调"深入推进智慧教育"，包括推进教育新型基础设施建设、深入推进智慧教育示范区建设等。中央网络安全和信息化委员会印发的《"十四五"国家信息化规划》提出推进信息技术、智能技术与教育教学融合的教育教学变革，提升教育信息化基础设施建设水平，构建高质量教育支撑体系。中共中央、国务院印发的《中国教育现代化 2035》指出建设智能化校园，统筹建设一体化智能化教学、管理与服务平台，利用现代技术加快推动人才培养模式改革。这些战略规划大致可以分为以下几个方向：加强基础设施建设、丰富数字教育资源、推动教学模式创新、加强教师数字素养培训、保障数据安全与隐私等。这些政策文件和战略规划共同构成了我国教育数字化的政策框架和行动指南，为教育数字化的深入发展提供了有力保障。

尽管我国和西方国家的数字化教育在投资力度、发展历程、教育资源、技术应用以及教育模式和教育理念等方面都存在差异，但随着我国对数字化教育的重视程度不断提高和投入不断增加，我国数字化教育的质量和水平也在不断提高，有望逐渐缩小与西方国家的差距。近年来，我国实施的国家教育数字化战略行动，在数字资源建设应用、数字素养培养、数字教育体系构建三个方面取得了明显进展。一是在基础设施上不断完善：教育部公布的 2022 年教育数字化成绩单显示，全国各级各类学校互联网接入率达 100%，所有学校出口带宽均在 100M 以上，接入无线网的学校数量超过 21 万所，99.5% 的中小学拥有多媒体教室。这些基础设施的完善为教育数字化提供了有力支撑。二是数字教育资源丰富：国家智慧教育公共服务平台已发展成为全球最大的教育资源中心。截至 2023 年底，国家中小学智慧教育平台资源总量达到了 8.8 万条，是 2023 年初的 2 倍多，进一步丰富了教材课程资源，覆盖教材版本由 2023 年初的 30 个版本共 446 册增加到 65 个版本共 565 册。三是教师数字素养提升：教育部开展平台应用国家级线上培训，加强对试点工作的指导、跟踪和总结，发挥专家指导团队、教研员和优秀教师力量，指导一线教师用好平台提供的精品资源，学习优秀教学案例，提高教学设计和课堂教学能力。

2021 年 8 月，我国教育部批复同意上海成为教育数字化转型试点区。在 2024 世界数字教育大会上，全球数字教育发展指数正式发布。中国指数排名从第 24 位跃升至第 9 位，是唯一一个跻身前十的中等收入国家。中国在数字化教育领域的投资和政策支持力度正在逐渐加大。

三、教育数字化的校情需求

尽管中国教育数字化取得了显著进展，但仍面临一些挑战。例如，数字教育资源的质量参差不齐、数字鸿沟问题依然存在、部分教师信息技术应用能力有待提高等。随着新一代信息技术的不断发展和应用推广，教育数字化将迎来更多机遇。未来，中国教育数字化将继续保持快速发展的态势。教育部等政府部门将继续加大投入和支持力度，推动教育数字化的深入发展。各级学校、各类教育机构和企业也将积极参与教育数字化的建设和推广工作。尤其是相关部门需要采取措施缩小数字鸿沟，确保所有地区和群体都能享受到数字化教育带来的好处，这包括加强农村和偏远地区的教育信息化建设，提高弱势群体的数字素养等。

广州市作为教育部确定的 2019 年度的全国"智慧教育示范区"创建区域，提出了创建全国"智慧教育示范区"的七大工程——智慧阅读、教育集群、AI + 创新、教育大数据平台、智慧培训、智慧评价、协同创新，同时广州市白云区也提出了"三平四化"的信息化理念。在这一系列背景下，江村中学作为位于城乡接合部的学校，荣膺"白云区第二批智慧校园"称号，肩负着探索乡村学校数字化转型路径的重任。学校致力于在现有简易条件下，寻找一条由"丑小鸭"成功蜕变为"白天鹅"的数字化转型之路，让信息化投入与教学效益成正比，切实解决教育痛点。学校期望通过自身的实践，为同类乡村学校树立引领示范的标杆，推动教育信息化在更广范围内有效实施。

江村中学创办于 1986 年，坐落在广州市白云区江高镇大松岗，地处江高镇最高处，鸟瞰流溪河，遥望白云山，与苍松相伴。学校占地 22842 平方米，总建筑面积 7117 平方米。现有 12 个教学班，学生 498 人，在职在编教师 42 人，教师学历达标率为 100%，其中高级教师 23 人。这里终年与松为伴，绿树掩映，鸟语花香；这里的教师循循善诱，学生阳光开朗，处处书声琅琅；这里是为人师者施展才华的地方，是莘莘学子追求进步、实现理想的摇篮。

江村中学作为一所乡村学校，教师信息化水平相对薄弱、学校信息化等基础设施相对落后、学校办公经费相对不足，这些因素共同限制了学校的进一步发展。

学校急需解决的问题如下：

一是急需升级学校信息化设施设备。学校的信息化设施设备大部分都是 2015 年之前的产品，都处于接近报废状态，学校急需对这些设施设备进行更换或升级，添置最基本的信息化设施设备，最大限度地实现学校智能化管理，确保学校信息化工作的正常进行。

二是急需实现全校教育教学信息化的统一性。学校原来只是通过教师QQ群、微信群、办公电话和私人电话进行日常管理工作，对工作通知的下发和接收存在较大的时间差，管理出现滞后性。微课与录播平台、监控系统、视频会议系统等各平台之间相互独立，数据无法互联互通。教师在课堂教学和学生学习方面缺少相应支撑工具和资源体系，不能及时发现与反馈教育教学中存在的问题。家长与学校之间没有一个有效的沟通平台，学校不能及时和家长交流学生的情况。学校急需结合省、市、区三级智慧教育平台，强化应用与创新融合，建立适合学校个性化发展的、以企业微信为基座的一体化平台。

三是急需提升教师信息化教育教学水平。学校是乡村学校，教师队伍年龄偏大，平均年龄将近49岁，个别教师的信息化教学能力一般，对线上教学任务只能按基本要求完成。学校急需对教师进行信息化能力的培训，促进信息技术与教育教学的融合，实现教育服务供给方式、教学管理模式的变革。

以上痛点在大部分乡村学校中普遍存在。面对这样的挑战，乡村学校教育数字化转型之路能否成功？一个字——能。但首先要有所"思"，思人、思财、思物，整合各种力量为学校服务；其次要有所"为"，主要体现在转观念、明措施、促转型三个方面，为此，校长引领要重方向，中层贯彻要重执行，教师培训要重实效；再者要有所"望"，只要有斗志，不等不靠，有所期盼，各种力量才会为学校所用。江村中学以"思、为、望"为关键点，探索出了学校的教育数字化转型之路的解决思路与具体措施。

第二节　理论依据：江村中学的松品教育来源

松，以坚韧不拔、傲雪凌霜的品格，成为中华民族精神的象征之一。在江村中学，"松"不仅是校园文化的重要组成部分，还被赋予了深厚的象征意义和教育价值。当松文化被置于学校教育建设的核心地位时，便已突破了表现自然物象特质的简单层面，而是被用来塑造一种独特的精神风貌，培育学生的人格力量。江村中学深入挖掘松文化的内涵，将其融入教育教学的各个环节，打造了独具特色又符合时代教育精神的松品教育。

一、松品教育的理论依据

松品教育的理论基础源于多学科的综合应用和深度融合，涵盖教育学、心理学、信息技术学和社会学等领域的先进理论和实践成果。这种综合性的教育模式，不仅注重知识的传授，更强调学生的全面发展和社会适应能力的提升。

（一）建构主义学习理论

建构主义学习理论可以追溯到瑞士心理学家让·皮亚杰关于儿童认知发展的研究。皮亚杰认为，儿童是在与周围环境相互作用的过程中，逐步建构起关于外部世界的知识，从而使自身认知结构得到发展。在此基础上，科尔伯格、斯腾伯格、卡茨以及维果斯基等人进一步丰富和完善了建构主义学习理论。建构主义学习理论认为，学习是学习者基于原有的知识经验生成意义、建构理解的过程，并强调"情境""协作""会话"和"意义建构"在学习环境中的重要性。同时，建构主义学习理论强调学生在学习过程中通过自主探索和建构来理解知识，提倡在教师指导下的、以学习者为中心的学习。学生是信息加工的主体、是意义的主动建构者，而不是外部刺激的被动接受者和被灌输的对象。该理论还主张，学习应关注学习者的个体差异和原有经验，鼓励学习者通过探索、合作和反思来深化对知识的理解和应用。

建构主义学习理论对松品教育数字化的影响是多方面的。

1. 促进个性化学习

建构主义学习理论强调学习者的个体差异和原有经验，这促使松品教育的数字化更加注重个性化学习。数字化教育的一个显著特征是根据学习者的学习风格、兴趣和能力，提供定制化的学习资源和路径，从而满足学习者的个性化需求。在松品教育推动的课堂革新中，无感知 AI 数字课堂系统的引入成为一大亮点。该系统赋予教师实时监测学生学习进度及掌握情况的能力。依托精准的数据反馈，该系统能够智能化地推送个性化的学习资料和有针对性的练习题，有效助力学生强化知识点，实现学习效率的显著提升[1]。

2. 支持情境性教学

建构主义学习理论强调情境性教学的重要性，认为学习应在特定的情境中进行，以便学习者能够更好地理解和应用知识。数字化教育通过虚拟现实（VR）、增强现实（AR）等先进技术，为学习者提供了逼真的学习情境和模拟环境。这些情境不仅有助于学习者更好地理解和掌握知识，还能激发他们的学习兴趣和积极性。松品教育下的特色课程体系，为学生提供了丰富的学习体验，学生通过参与模拟实验、角色扮演等活动，可以直接观察和体验知识的应用过程，从而在真实的情境中理解和内化知识。

---

[1] 蔡慧英，尹欢欢，陈明选. 哪些因素影响教师使用数字教育资源？：透视智能时代我国教育信息化建设与发展［J］. 电化教育研究，2019，40（7）：60-69.

3. 鼓励自主探索和学习

建构主义学习理论鼓励学习者通过自主探索和学习来建构知识。数字化教育平台提供了丰富的学习资源和工具,如在线课程、电子教材、模拟软件等,这些资源和工具为学习者提供了自主探索和学习的机会。学习者可以根据自己的兴趣和需求,选择适合自己的学习资源和路径,进行自主学习和探究。

4. 增强互动性和合作性

建构主义学习理论主张学习是一个互动的过程,需要学习者与环境、他人和自身经验进行互动。数字化教育通过在线讨论、协作工具、虚拟实验室等互动功能,为学习者提供了丰富的互动和合作机会。这些功能不仅有助于学习者与他人分享知识和经验,还能促使他们之间相互协作,共同解决问题,从而深化对知识的理解和应用。

线上线下结合的教学模式是松品教育的一大特色。这种模式不仅丰富了教学资源,也拓宽了学生的学习渠道。在线上,学生可以通过网络平台进行自主学习和资源共享,利用数字化工具进行知识建构。在线下,学生可以通过课堂讨论、小组合作等方式,与同学和教师进行面对面的交流和互动。线上线下结合的教学模式,不仅提高了学生的学习效率,还增强了他们学习的互动性和合作性。

5. 促进教师角色的转变

建构主义学习理论要求教师从知识的传授者转变为学习的引导者和支持者。在数字化教育中,教师的角色更加多元化和灵活。他们不仅是知识的传授者,还是学习资源的整合者、学习活动的组织者和学习过程的评估者。这种角色的转变有助于教师更好地适应数字化教育的需求,提高教学效果和质量。

松品教育下的课堂,学生不再是被动的知识接收者,而是积极的知识建构者。他们在真实情境中进行探究和反思,通过与环境的互动逐步形成对知识的深层理解。这不仅增强了课堂的教学效果,而且能培养学生的创新思维和问题解决能力,为他们的全面发展奠定坚实的基础。

(二)多元智能理论

美国心理学家和教育学家霍华德·加德纳在其1983年出版的《智能的结构》一书中,首次系统地提出了多元智能理论。这一理论是在对传统智力理论进行深刻反思的基础上发展起来的。传统智力理论过于强调语言能力和数理逻辑能力,忽视了人类智能的多样性和复杂性。加德纳通过大量的心理学研究和实验数据,揭示了人类智能的多元性,并提出了这一智能结构理论。多元智能理论认为,智能是解决某一问题或创造某种产品的能力,而这一问题或这种产品在某一特定文化或特定环境中是被认为有价值的。该理论将智能分为八种类型——语言智能、数学智能、空间智能、音乐智能、肢体动觉智能、人际智能、内省智能、自然观察智能,每种类型在个体中的发展程度可能各不相同。多元智能理论同样强调个性化教学和情境教学的重要性,在松品教育的数字化发展上的影响体现在以下方面。

1. 多元评价

传统的单一评价标准,如考试成绩,无法全面衡量学生的各种能力。依据多元智能理论,教师应摒弃以标准的智力测验和学生学科成绩考核为重点的评价观,树立多元评价观,通过多元化的评价方式,全面、客观地评估学生的智能发展水平和学习成果。江村中学通过多元立体的课程体系,为学生提供了广泛的学习机会和平台,帮助学生在不同领域中找到自己的兴趣和优势,旨在培养学生的综合素质,挖掘他们在各个领域中的潜力。同时,多元化的评价能衡量学生的学习成果和成长进步,全面地反映学生的综合素质,激励学生在多个方面努力提升自己,实现全面发展。

2. 跨学科教学

基于多元智能理论,教师应具备全局视角,打破学科间的界限,实施跨学科的教学整合,通过融合不同学科的知识与技能为学生构建系统的知识框架。例如,通过引入项目式学习(PBL)和STEM教育模式,指导学生从多学科视角分析问题并寻求解决方案。同时,利用思维导图、数据分析软件等技术辅助工具,有效地将各学科知识相互关联,形成有机整体。

通过这些多样化的教育实践,学生不仅能够掌握学科知识,还能在音乐、艺术、体育、社会交往等方面得到充分发展,逐步形成自己的兴趣和特长,全面提升综合素质。

松品教育借鉴了多元智能理论,强调个体差异和多样化的发展路径,通过家校讲堂、专家讲座等多种形式,提供丰富的教育资源和灵活的教学方式,满足学生多样化的学习需求,促进每个学生充分发挥潜能。江村中学的实践证明,这种教育模式不仅提升了学生的学习效果,更促进了他们的全面发展和个性化成长,为每个学生的兴趣和优势提供了广阔的平台。

(三)全人教育理念

全人教育的说法来自人本主义教学理论。人本主义教学理论是在人本主义学习观的基础上形成并发展起来的。美国心理学家卡尔·罗杰斯作为人本主义教学理论的代表人物,指出全人教育即以促进学生认知素质、情感素质全面发展和自我实现为教学目标的教育。全人教育融合"以社会为本"与"以人为本"两种教育观点,既重视社会价值,又重视人的价值。全人教育的核心理念是关注学生的全面发展,包括身体、知识、技能、道德、智力、精神、灵魂、创造性等多个方面，旨在将学生培养成具备整合知识、完备人格、拥有正确价值观和积极态度的"全人"。松品教育融入全人教育理念，强调学生的全面发展和整体素质的提升：不仅拥有扎实的学术基础，还具备创新思维、良好的社交能力、强健的体魄、高尚的道德品质，能够在复杂多变的社会环境中保持竞争力，实现个人价值和社会贡献的双重提升。

松品教育通过丰富的教育活动和综合实践，培养学生的综合素质和社会责任感，从而促进他们的全面发展。例如，江村中学开展了丰富多元的研学、实践活动，为学生的全面发展奠定了坚实的基础，让学生参与社区服务、环保活动和志愿者工作等，不仅拓宽了他们的社会视野，还培养了他们的团队合作精神和领导能力。学校重视学生的心理健康与社会情感发展，积极举办心理健康辅导和家校讲堂等活动。其中，心理健康辅导帮助学生养成积极的心理品质和良好的行为习惯，提升他们应对学习和生活中挑战的能力；家校讲堂则通过家庭和学校的密切合作，为学生提供了良好的学习支持和生活指导，提升了家庭在教育过程中的参与度。这些活动不仅仅是知识的实践和应用，更是学生综合素质培养和社会价值观形成的重要途径。

松品教育深植于多重教育理论的融合，旨在全面促进学生的个性化发展和全面素质的提升。它既强调知识的传授和理解，又关注学生的个性化发展和社会适应能力的培养，它通过现代信息技术和全人教育理念，构建了一个多维度、多层次的教育体系，推动了教育质量的全面提升和学生的全面发展。

二、教育数字化的理论依据

教育向数字化方向转变已成为一股不可抗拒的潮流。这不仅是技术层面的革新，更是一场涉及教育观念、教育方式、教学模式及教育管理等多方面的深刻变革。有学者认为，教育数字化转型实践亟须具备现实洞察力和战略导向的系统性理论框架来指导。尽管对于教育数字化的学术讨论在逐渐增多，但目前学术界尚未有成熟的、一致的学说。我们将结合李志民在《数字化时代下的教育变革：推进教育数字化的路径与策略》①一文中的探讨，对目前的相关理论进行梳理。

（一）教育数字化的根本——观念革新

第一，要敢于打破传统束缚，树立学生学习中心理念。传统教育观念中，教师占据主导地位，知识传授被视为核心。然而，数字化时代的教育要素发生

---

① 李志民. 数字化时代下的教育变革：推进教育数字化的路径与策略［EB/OL］.（2024 - 09 - 18）［2024 - 11 - 28］. https://mp.weixin.qq.com/s/AvlPsQNH78RVHHx6mWctbg.

了根本性变革，我们必须打破以教师为主导的思维定式，确立以学生学习为中心的教育理念。学生应成为学习的主体，根据自身兴趣、需求及节奏进行自主学习，而教师转变为引导者、促进者及资源提供者。这一观念的转变将极大地激发学生的学习积极性和主动性，培养他们的自主学习能力和创新思维。

第二，要加强对教育新常态——教育数字化的认知。教育数字化并非简单地将信息技术应用于教育过程，而是要将数字化理念融入教育的各个环节，形成一种全新的教育形态。我们必须认识到，数字化带来的不仅是教学手段的改变，更是教育理念、教育方式、教学模式及教育管理等多方面的全面革新。只有从观念上真正接受并理解这一变革，才能更好地推动教育数字化的发展。

（二）教育数字化的关键力量——教师管理与培训

第一，要重塑教师角色。在教育数字化背景下，教师的角色发生了深刻变化。在互联网上，大量的优质课程触手可及，教师不再是知识的唯一传授者，而是学生学习的引导者、协助者和促进者。教师需要帮助学生制订学习计划、选择学习资源、解决学习问题，并引导学生进行自主学习和合作学习。同时，教师还需不断提升自己的信息技术能力，熟练掌握各种数字化教学工具和资源，以便更好地开展教学活动。

第二，要创新教学方法。教育数字化为教师提供了丰富多样的教学方法和手段。教师可以利用在线课程、虚拟实验室、智能教育软件等资源，设计更加生动、有趣且富有挑战性的教学活动，通过网络平台与学生进行实时互动，及时了解学生的学习情况，并调整教学策略。这种教学方法的创新能够更好地满足学生的学习需求，提升教学效果。

如此一来，教育数字化对教师的专业能力提出了更高的要求。学校需要加大教师培训的力度，提高教师培训的质量，帮助教师尽快适应教育数字化的要求，这包括开展针对性的培训课程、提供丰富的数字化教学资源、建立教师交流平台等。

（三）教育数字化的坚实保障——教育管理与评价改革

第一，创新教育管理机制。为了推进教育数字化，教育管理部门需要建立健全相关制度和政策。例如，制定数字化教育资源的建设标准，规范数字化教学的实施流程，并加强对数字化教育的监督和评估。同时，教育管理部门需加强与学校、企业等各方的合作，共同推进教育数字化的发展。

第二，重构评价体系。传统的教育评价体系主要以考试成绩为依据，难以全面、客观地评价学生的综合素质和能力。在数字化时代，我们需要建立更加多元化、个性化的评价体系，如开展网上学习学分认可等，并注重对学生学习过程、学习态度及创新能力等方面的评价。同时，利用大数据、人工智能等技术，对学生的学习数据进行分析和评估，为教育决策提供科学依据。

第三，数据驱动的教育管理决策。教育数字化产生了大量的教育数据，这些数据蕴含着丰富的信息和价值。教育管理部门可以对这些数据进行分析和研究，了解教育教学的现状和问题，并制定更加科学合理的教育政策和措施。同时，学校也可以通过数据分析了解学生的学习情况和需求，优化教学管理流程，提高教育教学质量。

江村中学依托一体化数字化应用平台，有效地推动了教育信息化和智慧校园建设。该平台不仅实现了无纸化办公，还提供了多维度的数据管理功能，支持教师和管理者对学生学习情况、教学资源的即时监控和分析。教师可以通过平台获取个性化的教学建议和资源推荐，根据学生的学习表现进行精准的教学调整和反馈。同时，学生和家长也能够通过平台获取课程信息、学习资料和教育动态，从而促进了家校合作和信息共享。

（四）教育数字化的有效路径——多方协同

第一，政府、学校与企业的紧密合作。推进教育数字化需要政府、学校及企业等各方的共同努力。政府和学校应加大投入，加强网络、服务器及终端设备等基础设施的建设。政府应发挥主导作用，制定政策、提供资金并加强监管；学校应积极推进数字化教学改革，培养适应数字化时代的教师队伍；企业应提供技术支持和优质的数字化教育资源。只有各方协同合作，才能形成推进教育数字化的强大合力。

第二，促进教育资源的开放与共享。教育资源的开放与共享是教育数字化的重要特征。政府和学校应建立教育资源共享平台，促进优质教育资源的流通和共享。同时，鼓励教师和学生积极参与教育资源的开发和建设，形成共建共享的良好局面。

第三，吸纳社会力量的广泛参与。推进教育数字化需要社会力量的广泛参与。社会组织、志愿者等可以为学校提供志愿服务和支持；家长可以积极参与学生的学习过程，与学校共同促进学生的成长，通过多方协同努力，共同推动教育数字化的深入发展。

总体而言，江村中学应用现代信息技术，不仅提升了教学效率和管理效果，还促进了学校教育资源的共享和个性化配置，为学生提供了更加开放和多样化的学习环境和平台。学校的松品教育通过信息技术和教育技术的有机融合，实现了教育的现代化和智能化发展。

第三节 顶层设计：松品教育的数字化体系构建

"非弘不能胜其重，非毅无以致其远。"教育不仅仅是知识的传授，更是对学生品格的塑造。江村中学始终将松文化置于学校教育建设的核心地位，并经过多年的实践，通过校园环境与文化建设、教育教学实践、师资队伍建设以及校家社协同育人等多种方式将"松文化"渗透于校园生活的方方面面。这些举措让学生在潜移默化中受到熏陶，逐步内化松树所象征的优秀品质。由此，江村中学形成了特色鲜明的教育体系——松品教育，并凝练出了独特的办学理念——松品立校，弘毅树人。

一、办学理念体系特色创建

纵观古今，文人雅士对松情有独钟，歌以赞松，诗以咏松，文以记松，画以绘松，鸿篇妙文不胜枚举，丹青杰作传世甚多。松树是江村中学所在区域内独有的不可复制的校本精神文化象征，具有独特的文化意蕴。学校以"松文化"为校园文化核心，弘扬松树精神，践行松品教育，培养"德高品正、体健善学、勤奋上进、弘毅超越"的江中学子。

（一）学校文化：松文化

松树是一种遍及世界各大洲的常见树种。中华民族自古以来就对松树有着特殊的情感。无论是在广袤的山林，还是在狭小的庭院；无论是在偏僻幽寂的寺庙道观，还是在热闹庄严的皇家宫禁，都可以看到松树的影子。人们种松、赏松、咏松、赋松、听松、画松，松在人们的生活和艺术活动中是不可或缺的一个元素。千百年来，人们对松树的喜爱逐渐形成了独具特色且内涵丰富的"松文化"，"松文化"也成为中国传统文化的重要组成部分。松被赞誉为"君子树"，古往今来，人们将松树的端直挺拔、四季常青、顽强坚韧等生长特征，赋予了正直、向上、坚贞、顽强等人格化的特质，使得松树成了中华民族品格的象征之一。

1. 松之姿态美——端直挺拔

松树绝大多数是高大乔木，极少数为灌木。松叶呈针状，树皮呈龙鳞状。枝干苍劲挺拔、遒劲有力，给人以静穆之感，树冠形似一柄伞，姿态优美。松树虽然没有花的多彩艳丽，但阵阵松香怡人，气质高洁淡雅。古人喜爱以松观照人物，比拟人物的形态美。例如，在《诗经》中就有"松柏丸丸""松桷有梃"等诗句，反复赞美松的端直高大、挺拔凛然的姿态。在艺术家笔下，松树枝繁叶茂，姿态挺拔，云雾缭绕，姿态优美，气质娴雅脱俗。

2. 松之奉献美——为栋为梁

松树是一种多功能的植物，可观赏、可药用、可作舟、可为栋为梁……对人类生活起到了巨大的作用。松树高耸挺拔、粗壮坚硬，自古便是可以柱明堂而栋宗庙的栋梁之材，被称为"广厦材""大厦之宏材""栋梁木"。栋梁之松也被用作人才的象征。文学家苏轼曾写道："良材松柏，赡治中都。"（《上虢州太守启》）即以高大挺直的松树象征国家的栋梁之材。苏轼还把对人才的培养喻为"种松"，如"白首归来种万松，待看千尺舞霜风。"（《寄题刁景纯藏春坞》），表明他为国家与社会培养后起之秀的诚挚之心。

3. 松之拼搏美——志气凌云

松树枝干挺立高耸，直插云霄，给人以志气凌云、昂扬向上的力量感。松针亦是一根根、一簇簇地向上生长，直指苍穹，仿佛有攀云之念。松的意欲凌云之态象征了人们志向高远的气度。在茂密的松林生态环境中，新生的小松苗很难得到充足的阳光，但新松骨子里具有一种争先恐后的精神，在大树荫蔽下坚持向高处伸展，力争撑上大树，享受充足的阳光。松树的生命昭示着：向着理想拼搏的生命不仅具备了驾驭环境的能力，而且在一代又一代的繁衍中变得愈加坚强。

4. 松之生命美——顽强不衰

松树强大的生命力和四季常青的活力象征着中华民族的民族精神——坚韧顽强，蓬勃向上，积极进取。松树遍布我国大江南北，它不择地而生长，无论在山巅石缝、平原丘陵，都能茁壮成长；它不择时而发育，春夏秋冬、烈日酷寒，都青葱苍翠、茂密如常；它不需要优良的条件、精心的护理，干旱抗得住，不会枯萎，水淹受得了，不需排水，而且越是处于贫瘠险恶的逆境，越能显出它安身立命的本领和旺盛的生机。坚石裂缝中，很少有水分、营养，但是，松树仍能生长得潇洒自然；悬崖陡壁，一般的树木无法生存，而松树凌空横斜而出，枝干生长得轻巧自然。这些品格和特质，造就了松树顽强不衰的生命美，也是它成为长寿树的内在源泉。

5. 松之坚贞美——凌霜傲雪

松树有"百木之长"的美誉，又被称为"君子树"。它四季常青，经冬不凋，临风不倒，冰雪不能毁其志，寒风不致改其性。它始终保持着自己坚贞的品格，具有守正不阿的节操。隆冬季节，万花纷谢，草木凋零，唯有松树，枝叶青翠茂密不改，卓然挺立依旧，充分显示出它不畏险恶环境、耐得住酷寒、经得起摧残的凌霜傲雪的坚贞美。孔子在《论语》中指出了松柏的这种品格和特性，他说："岁寒，然后知松柏之后凋也。"以松柏耐寒比喻君子在乱世中依然道义自守，坚贞不屈，坚持自己的精神追求和独立人格。范云在《咏寒松诗》中写："凌风知劲节，负雪见贞心。"咏出寒松不为厉风暴雪所屈的节操与贞心。陈毅元帅也作了《冬夜杂咏》，诗曰："大雪压青松，青松挺且直。要知松高洁，待到雪化时。"以松之高洁喻中华民族坚贞不屈的高大形象，激励人民自力更生、奋发图强、共渡难关。

君子比德于松，松在中华文化中被人格化，成为君子贤人等理想人格的化身。江村中学把"松文化"作为校园文化的核心理念，充分挖掘其中蕴含的教育元素，把松树精神融入学生教育，以松的端直挺拔、立志向上、坚贞不屈等品质教育影响学生，培养学生正直向上、志存高远、坚韧不拔、不畏困难逆境等精神和品格，期待学生像松一样向阳而生，茁壮成长。

（二）教育特色：松品教育

江村中学的松品教育是基于中国"松文化"的内涵，旨在以松树精神作为引领，通过校园文化熏陶、校本课程建设、校本教材建设、校园文化活动等形式，传承和弘扬中华优秀传统文化，完善学生人格，提升学生综合素养的教育。

1. 松品的基本特征

松品，顾名思义就是松树品质。松品作为一种教育意象，不仅具有正直无私、高大挺拔、富有生机等特点，而且彰显着不畏艰险、坚贞不屈、高洁守志、追求卓越的精神内涵。因此，具备松品特质的师生应有以下基本特征：

（1）正直无私，志气凌云。

松树枝干笔直向上，直插云霄，志气凌云，可为栋为梁。

——教师具备深厚的专业知识、精湛的教学技艺，对教育事业有理想有追求，能引导学生树立正确的人生观、价值观，立志向上，奋发进取。

——学生树立明确的目标，追求崇高远大的理想，对未来充满希望。

（2）宽宏坚毅，扎根向上。

松树不择地而生，适应性强，四季常绿，郁郁葱葱，生命力旺盛。

——教师用宽宏的胸怀关爱学生，用爱滋养学生成长，培育学生健全的人格，激励学生像松树一样宽宏坚强、坚毅有恒、自信成长。

——学生像松树一样自主汲取营养，享受爱的熏陶浸染，沐浴在松品教育的氛围中，形成坚毅顽强的品格，不断扎根生长，积极向上，充满生机与活力。

（3）坚贞不屈，自强不息。

松树傲霜耐寒，经冬不凋，临风不倒，饱经风霜依然坚贞不屈、自强不息。

——教师以松树在天寒地冻之中依然向上生长的品质为榜样，立根立品，立德树人，培养学生遇到困难不低头、碰到逆境不退缩、面对挫折不气馁的精神，提升学生适应未来、创造未来的能力，使每一个学生都能健康成长。

——学生以松树精神为引领，克服学习或生活过程中遇到的困难，培养良好的习惯，端正态度，不怕风雨，积极进取，守志向上，自强不息。

（4）千姿百态，活力自信。

松树枝干遒劲，苍翠挺拔，树冠如伞，形貌各异，姿态优美，让人们对它产生审美意向。

——教师以学生为本，挖掘每个学生的生命潜能，放大他们的闪光点，使他们的身心和谐发展。

——学生的特长得到充分发展，个性得到张扬，生命得到绽放，展现千姿百态的青春活力，散发独一无二的自信魅力。

2. 松品教育的基本内涵

松品教育是一种面向全体学生、面向学生发展的各个方面、面向学生发展的整个过程的教育理念；也是一种融德于智、德智一体、德智互动的教育模式。松品教育希望学生在任何时候、任何地方都要坚贞守志，不畏艰难，用坚定永恒的毅力对待学习，用豁达宽宏的情绪面对生活，用大爱之责任奉献社会，如曾子所言："士不可以不弘毅，任重而道远。"

松品教育是对江村中学几十年办学历史经验和办学现状的高度概括。自学校开办以来，几代师生不断探索与实践，形成了具有校本特色的教育理念体系和教育模式。松品教育的主要目标是让学生在"松文化"的教育氛围中像松树一样自由"生长"。它强调教育的特征是"敞开与接纳""吸引与交融""参与与沟通"；强调学生的主体性、自觉性、能动性，强调生生合作共进；强调教师与学生之间、学校与家庭之间、学校与社会之间的共生共荣；强调教学与学习之间、知识与实践之间、思想与行为之间的共通共融，即陶行知所言的"教学做合一""知与行合一"，也就是理论和实践的辩证关系的高度统一。

学校用松树的品格去要求人、引导人和评价人；用松树的精神去指导工作、评价工作，沿着"特色项目—特色课程—特色学校"的发展方向，着力打造松品教育特色学校，实现特色发展和品牌发展。

从学生层面看，松品教育希望每一个学生都能树立远大的理想和抱负，并拥有可持续发展的能力和不屈不挠、弘毅超越的品质。基于此，学校关注学生的成长过程和成长质量，依照学生的个性特点，通过适当的方式让每一个学生都能展示独具特色的个人魅力。

从教师层面看，松品教育要求每一位教师都能为促进学生的可持续发展而努力，并不断追求自身的专业发展和幸福人生。为此，学校为教师的成长制订了一系列成长规划和进阶方案，助力每个教师最大化地实现自己的生命价值，真正做到"人尽其才"。

从学校层面看，松品教育指向学校立足于以松品立人、立德树人的理念，同时要求学校发掘师生潜能和成就师生梦想，实现高品质发展，焕发蓬勃的生机，努力成为教育创新的风向标。

3. 松品教育的提出

（1）根于松文化的浸润。

江村中学所在的松岗绿水悠悠，松涛阵阵，呈现出一派生机盎然的景象。自古以来，松树便是文人墨客不吝墨宝赞颂的对象，它不仅表现了中华民族的文化气质——扎根向上、苍翠挺拔、凌寒后凋、坚贞不屈、坚韧不拔、高洁守志，而且蕴含了丰富的教育寓意。这些特质正是提升师生行为品质、引领学校不断发展的重要元素。因此，"松文化"为江村中学的可持续发展寻得了源泉，指明了方向。学校深刻认识到松树精神品质中的教育意义，施行松品教育，旨在立品树人，以文化人，通过引领学生学松做人，培养学生质朴庄重的个性、高洁不弯的品质、坚韧顽强的精神、阳光向上的追求、健美挺拔的英姿。

（2）源于地域文化的孕育。

江村始建于唐朝末期，世代崇文尚武、耕读传家，历史上曾涌现出许多举人、进士；更有"为官一任，造福一方"并留名青史的江氏族人，彰显出江村人文之鼎盛。江村中学拥有一项独特的文化标志——松树，这是区别于其他学校的显著特征，校内有着独一无二的"松荫会场"。在松岗之巅的江村中学，师生们终年与松树为伴，日日聆听松涛的吟唱；白云悠然掠过校舍，秋风轻抚松枝，构成一幅幅动人的画面。松树以其端直挺拔的姿态美、为栋为梁的奉献美、志气凌云的拼搏美、顽强不衰的生命美和凌霜傲雪的坚贞美，给师生带来了深刻的感受和无尽的遐想。几十年来，江村中学秉承江村人崇文重教的传统，积极实施松品教育，以松品育人，旨在帮助学生树立远大的理想，激励学生面对困难不屈不挠，勇于挑战，奋发向上，不断追求自我超越，自信成长。

（3）依于生命发展的样态。

翠松青青，四季常绿，充满生机和希望；江村中学的学子正如翠松一样，生机勃勃，未来可期。美国实用主义教育家杜威提出"教育即生长"的理念，他指出，教育要使每个人的天性和与生俱来的能力得到健康生长。花有百样，松有百貌，生命是多样的，每个人都是独一无二的。学校践行松品教育，回归教育的本源，坚守教育的基本规律，注重学生全面发展，尊重个体差异，激励学生自主自强，步步扎实，坚贞守志，向阳生长，绽放独一无二的精彩。

（4）基于学校特色教育的追求。

教育之美，唯在特色。学校特色发展是一个持续追求优质化、个性化的过程，是对学校发展的传承与创新。江村中学依托自身的地理优势、环境优势和传统优势，挖掘"松文化"的丰富内涵，将松品教育作为学校教育的特色追求，丰富校本课程，发展素质教育，推进教育公平，培养德高品正、体健善学、勤奋上进、弘毅超越的江中学子，促进学校持续优质地发展。

（三）办学理念：松品立校、弘毅树人

"松品立校、弘毅树人"是学校在育人过程中所形成的思想观念、精神向往、理想追求，是支撑学校教育发展的重要哲学思想。

松品立校：以松树品质育人，树立学校品牌。学校挖掘和弘扬"松文化"内涵，以松品塑造人品，以松树精神引领学生成长，进一步发挥松品育人特色，提升品牌学校的文化影响力，实现学校和师生的高品位发展。

弘毅树人：培养抱负远大而意志坚强的时代新人。学校充分发挥松品教育的最优育人功能，激励学生像松一样坚毅顽强、恒定持久、坚贞守志，不畏艰难困苦，向着崇高的志向奋发向上，茁壮成长。

（四）办学目标：办一所扬松尚美、成就俊才的农村优质学校

学校弘扬"松文化"，全面实施松品教育，擦亮特色品牌名片，立志打造一所扬松尚美、成就俊才的农村优质学校。

扬松尚美：弘扬松树品格，崇尚美好。学校不断挖掘"松文化"的精神内涵，加强校园"松文化"主题建设，汲取中华传统文化精髓，在现代文明的激流中创新发展，以松品铸魂育人，引领师生将松树的品格继承下去并发扬光大，形成人人崇尚美好的氛围。

成就俊才：培养德智兼备的优秀人才。学校坚持以人为本，汲取"松文化"育人内涵，不断创新办学思路，采用现代化的教学技术手段，重视与时俱进，积极学习、吸收、运用现代化的教学理念，全面培养德智兼修、适应新时代发展需要的高素质未来人才。

农村优质学校：学校以松品教育为引领，立足办学实际，面向未来发展，注重办学品质，提高创新能力，不断激发办学活力，深化办学内涵，提升办学质量，立志打造一所教育特色鲜明、综合素质高的农村优质学校。

（五）育人理念：非弘不能胜其重，非毅无以致其远

"弘毅"出自《论语·泰伯》："士不可以不弘毅，任重而道远。仁以为己任，不亦重乎？死而后已，不亦远乎？"朱子注云："弘，宽广也。毅，强忍也。非弘不能胜其重，非毅无以致其远。""非弘不能胜其重"指人如果没有宽广的胸怀，远大的理想，就不能肩负重任；"非毅无以致其远"指人如果没有坚毅的品格，没有遇到挫折还能勇往直前的毅力，就不会有大的作为。也就是说，作为一个有理想、有节操的君子，必须意志坚强，性格宽宏，有宽广的胸怀、坚忍的品质，深知自己责任重大，道路还很遥远，这样的人才能成就大事业。

江村中学一直以培养学生的健全品格为教育的根本，通过挖掘潜藏在松树中的宽宏、坚贞、顽强的品格特质塑造学生的人格，让每个学生都像松树一样拥有宽广的胸怀、坚强的意志、远大的志向，既志存高远，又脚踏实地，在艰苦磨砺中成长成才，像松树一样顶天立地于世界。

（六）育人目标：培养"德高品正、体健善学、勤奋上进、弘毅超越"的江中学子

"德高品正"是在思想品德上对学子提出的目标，"体健善学"是在身体素质和学习方法上对学子的期望，"勤奋上进"是在精神面貌和学习态度上对学子的要求，"弘毅超越"是在意志和人生追求上对学子的祝愿。

通过这样的育人目标，学校要求江中学子的品格如同松树一般，虽身处逆境，但不为物惑、不改初衷，始终道心坚定。同时，"德高品正、体健善学、勤奋上进、弘毅超越"也是学校确立课程目标的重要依据。

（七）教学理念：志趣合作、品慧兼修

"志趣合作、品慧兼修"是指导学校进行教学实践和教育科研的航标。

志趣合作：志向和兴趣相互结合。强调教师要引导学生树立远大的志向和培养学习兴趣。崇高的志向可以让学生像松树一样不畏一切困难，奋勇向上；兴趣则是学习的最佳引擎，两者结合才能激发学生的最大学习动力。

品慧兼修：品德和智慧全面提升。教师在完成知识传授任务的同时，渗透松树品格教育，一方面注重培养学生的学习态度、能力和行为，另一方面也要关注学生的德育成长和智慧生成。

（八）一训三风

1. 校训：士不可以不弘毅

"士不可以不弘毅"是学校全体师生共同遵守的准则，是激励师生成长、

推动师生走向成功的精神武器。

"士不可以不弘毅"指有志向的人不可以不意志坚强。这是告诫学生要以像松树那样坚忍的品格去面对学习、面对生活中的困难。"古之立大事者，不惟有超世之才，亦必有坚忍不拔之志。"作为江中学子，要不畏困难、不惧逆境、不怕挫折，有坚毅的学习品格和科学的学习态度，学习书本、学习社会、学习先贤、学习同伴；要志存高远、面向未来、放眼世界、超越自我，只有这样才能成为具有松树品格的优秀学生，成为一个德才兼备、达济天下、对人类和社会发展有贡献的人。

2. 校风：质朴诚信、协作进取

"质朴诚信、协作进取"是学校办学理念、治校精神衍生出来的气质和风格，它以外在的形式反映了学校精神面貌的核心价值。

质朴诚信：朴实淳厚，诚实守信。这是师生在道德层面表现出的良好品质，每个人都崇尚朴实大方、淳朴端庄，做到真诚待人，信守承诺。

协作进取：互相合作，争取进步。这是师生在学习生活层面的表现形态，校园内，人人相处和谐，乐于合作，积极向上，追求共同进步。

3. 教风：奉献厚爱、博学善导

"奉献厚爱、博学善导"是教师整体素质的核心，是教师道德、才学、作风、素养、治教的集中反映，也是学校教育创新的指路明灯。

奉献厚爱：教师全心全意地给予学生真诚的关心和爱护。教师要像松树一样具有奉献厚爱的精神，对学生倾囊相授，无私奉献。这是学校对教师师德方面的要求。

博学善导：教师学识渊博，在教学时善于引导。这是学校对教师的学识、教学方法、教学艺术方面提出的要求，要求教师拥有广博的知识和终身学习的理念，善用春风化雨、润物无声的教学手段引导学生去探索和思考，提升学生的能力。

4. 学风：崇真求实、乐学勤思

"崇真求实、乐学勤思"是学生的行为规范和思想道德的集中体现，是学生在学习过程中展现的精神风貌，也是学生走向成功的法宝。

崇真求实：推崇真理，实事求是。学生在学习中要坚持真理，秉持实事求是的学习态度，认真夯实科学知识，努力实现学习目标。

乐学勤思：乐于学习，勤于思考。孔子说："善学者不如乐学者。""乐学勤思"倡导学生热爱学习、乐于学习，同时学会观察，勤于思考，善于探索和创新，不断超越自己，成为有用之才。

(九)精神口号

学校的精神口号是：松品江中，在我心中；阳光江中，追求成功！

"松品江中，在我心中"是全体师生对学校精神环境的高度认可，可以让师生建立良好的归属感。"阳光江中，追求成功"是学校主流价值取向的表达、传播和体现，对师生思想、行为具有积极的导向作用。这句口号朗朗上口，振奋人心，能够使师生获得成长的精神动力，也使学校的凝聚力得到进一步提升。

二、数字化赋能学校综合治理

在传承和弘扬松树精神，实施松品教育的过程中，江村中学积极引入现代信息技术，借助数字化手段不断丰富松品教育的内涵与形式。学校通过数字化赋能，实现了教学、管理、服务等多方面的数字化转型，不仅提升了学校的运行效率，更让松品教育得以持续优化。

作为乡村学校，江村中学坚持以实用为标准，不追求"高大上"，着眼于学校现有的条件，充分利用、整合或添置最基本的信息化设施设备，最大限度实现学校智能化管理：固态硬盘升级，实现"蜗牛"电脑健步如飞；希沃一体机+简易摄像头，实现线上线下智慧教学与听评课顺畅而行；聚焦教学，打造常态化数字教学空间，实现师生减负增效；腾讯会议+希沃录播，实现会议直播同步进行；以企业微信为基础平台，整合各类平台软件，实现党建工作、行政办公、德育教学、工会后勤一体化管理；公众号与微官网同步运行，实现学校宣传系统化；以学校家校讲堂为学校信息化展示窗口，实现家庭教育中小幼各学段衔接；利用专业且简易的设备构建数字孪生校园，确保学校安全无死角；汇聚各类数据，形成数据展板，实现学校全方位管理与无纸化办公。这种既保留了传统教育的精髓，又融入了现代科技活力的教育管理模式，让江村中学的校园充满了勃勃生机。

(一)打造数字基座

数字基座是数字经济时代的新型基础设施，覆盖了基础设施的智慧设计、智慧监控、智慧运维、智慧运营，借助物联网、GIS、大数据、人工智能等技术，为基础设施打造全生命周期的"智慧大脑"。数字基座可以实现基础设施的数字化、智能化管理，提高基础设施的可靠性、安全性和效率（图1-1）。

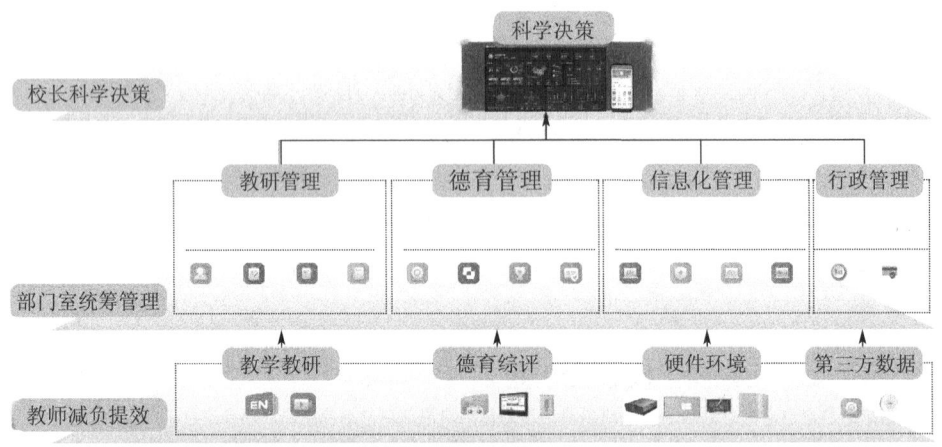

图1-1 江村中学数字基座

（二）构建数字孪生校园

该方案以校园三维全景、实时实景为应用特色，以多地图集成能力为基础，融合打通各业务系统数据，对校园的人、地、物、事等进行"身临其境"的沉浸式管理，生成教学考评、安全防控、应急预案、协同指挥、资产管理、设备运维等校园各部门业务场景应用"一张图"，实现校园管理底数清、状态明、风险决、响应厉的效果，提高校园综合管理水平。

（三）搭建各类数字化平台

基于企业微信与希沃平台，学校自建了办公业务综合性平台。该平台的使用已深入管理者、教师、学生、家长四类人群。平台以教学和管理两条主线开展相关应用，聚焦"管、教、研、学、评"，即学校管理、课堂教学与教学资源、教学研究、学生学习、综合评价多个功能板块，真正实现全流程无纸化办公，大大提高了教师办公效率；同时实现从教育信息化向教育数字化的迈进并逐步转型，通过数据展板化，数据开始说话并逐步智能化，为校长等学校管理层提供决策服务，为教师提供资源服务，为学生提供学习服务，为家长提供沟通服务；内嵌于平台内的江村中学公众号与微官网越来越受到社会的关注，学校形象宣传效果较明显。

无纸化办公现已成为学校日常管理中重要的部分。例如，在荣誉板块，教师们获得奖励后第一时间把获奖情况进行登记，学校通过看板直接得到本学年学校、教师和学生获奖情况一览表，方便了统计工作；在教学板块，教师听评课、集体备课等可直接在手机上操作，并能形成活动展板，智能分析教师教学状况；在后勤管理板块，以往设施设备从报修到维护需要经过三至四人处理、耗时一至两天才能完成，而现在，通过企业微信中的报修管理系统，教室门的报修在半小时内就能得到维护人员的响应并完成维修。此外，报修管理系统还能对维修情况进行数据分析，明确指出哪些方面需要重点维护，实现以数据为依据的管理决策，大大提升了后勤服务的效率与质量。

学校充分开展智慧教学应用和管理，利用大数据实施精准化教学智慧管理，使日常教学、管理更高效，并依托或融合国家智慧教育平台、粤教翔云数字教材应用平台、广州共享课堂、希沃魔方云、企业微信（学加家）、明德云学堂、学科网等各类资源平台进行智慧教学。

学校企业微信平台根据"一平台、二主线、三聚焦、四应用"的模式构建思路，实现了学校教育教学质量的稳步提高。"一平台"指的是以企业微信为基座打造集学习、资源、研修、管理为一体的数字应用平台。"二主线"指的是形成贯穿信息管理、四级账号的在线办公管理主线，和形成贯穿教师教学、学生学习、研修督导的教学主线。"三聚焦"指的是聚焦教师课堂教学、学生课堂学习，形成特色鲜明的江中课堂；聚焦配套教学资源、精品资源，形成丰富实用的网络资源；聚焦教师研修、学生研学，形成常态开展的网络教研。"四应用"指的是管理者管理应用、教师教学应用、学生学习应用、家校互动应用。

三、松品教育的数字化策略

江村中学作为广州市白云区智慧校园，聚焦国家教育数字化转型战略行动，本着"松品立校、弘毅树人"的办学理念，基于农村学校现有的条件，充分利用、整合或添置最基本的软硬件设备，实现学校智能化管理。学校以"党建引领、信息赋能、教学相长、共育共成"为工作思路，以"数字化教学与管理应用"为抓手，以"互联网＋家庭教育"为教育特色，努力提升教师信息素养与数字化应用能力，营造区域协同发展的良好育人环境，打造松品教育品牌。江村中学朝着教育数字化转型不断深入发展，紧跟时代发展的步伐，积极探索出一条以信息化助力学校特色松品教育发展的新道路。

（一）五育并举，万松成林

学校在"志趣合作、品慧兼修"的教学理念的引领下，形成了体系化育人课程："松之润课程群"滋润心灵、"松之源课程群"源头活水、"松之美课程群"大美之美、"松之趣课程群"自强不息。

学校在注重教学质量的同时，特别重视学生的综合素质与养成教育。学校落实"双减"政策掷地有声，有序推进课后服务，开展了丰富的学生社团活动,如棒球社、篮球社、足球社、素描社等。学校狠抓学生行为规范养成教育,午休管理、集会整队、课间活动等整齐有序。学校注重人文关怀,注重为教师开展各项工会活动、公益讲座、趣味活动、校际联谊等,增强了教师的凝聚力与职业幸福感。此外,学校被评为广州市第三批智慧阅读试点学校,"广州市高品质阅读空间"优秀学校,逐步发挥了高品质阅读空间的示范辐射作用。学校以松涛文学社为载体,注重优化读书环境,推动校园师生形成爱读书、读好书、善读书的浓厚氛围,助力落实"双减"政策和推动基础教育高质量发展。

(二)环境营造,实用美观

学校充分整合与利用学校、家庭、社会等资源,协同发展。学校整体布局合理,硬件环境实用美观。经过微调整,学校环境创建形成了层次分明的六大板块:一是建筑布局齐整,松品楼、松毅楼、松真楼、松韵楼错落有致;二是实验室、电脑室、图书室、舞蹈室、艺术室等多功能场室可以满足教学基本需求,但需进一步提升品质;三是学校家校讲堂、松品文学社、党员之家耳目一新,经过适当装扮的荣誉室简朴实用而不失庄重;四是党建基地、教学园地、德育星空、安全长廊、事务公告、文卫之窗等精心布置;五是松荫会场、活力广场、绿茵球场、松苑园林、弘毅路、品松台等"松品十景",争奇斗艳,尽显松品教育特色;六是设施设备充分利用,注重实效,全面升级。

(三)课堂改革,构建模式

2010年,学校启动课程改革,通过整合教学目标、内容、组织和手段,创新性地构建了"四合一"主体教学模式(图1-2),有效增强了课堂互动性与教学实效。该模式将教学目标、教学内容、教学组织、教学手段四个关键要素有机融合,共同指向一个核心——素质教育目标的实现。

"四合一"主体教学模式展现出大容量、快节奏、高效益、面向全体学生的四大特点,并兼具"组内异质、组间同质"的合理分组策略、即时反馈工具(ABCD信息卡)以及小组成员合作的整体评价机制三大亮点。

自这一模式实践以来,课堂氛围显著活跃,学生的学习兴趣大幅提升,教师的教学方式实现了积极转变。学校教师合作撰写的《引"四合一"之源,涌高效课堂之泉》一文,被收录在《本真教育生态课堂:广州市白云区课堂教学改革十大模式汇编》中,标志着"四合一"主体教学模式正式成为白云区课堂教学改革的十大范式之一。《破茧蝶变,展翅白云——广州市白云区江村中学课改之路》等13篇学术论文,成功发表于《广东教学》等权威教育期刊上。这一系列成果为学校后续开展以"松品教育"为核心的顶层设计奠定了坚实的理论与实践基础。

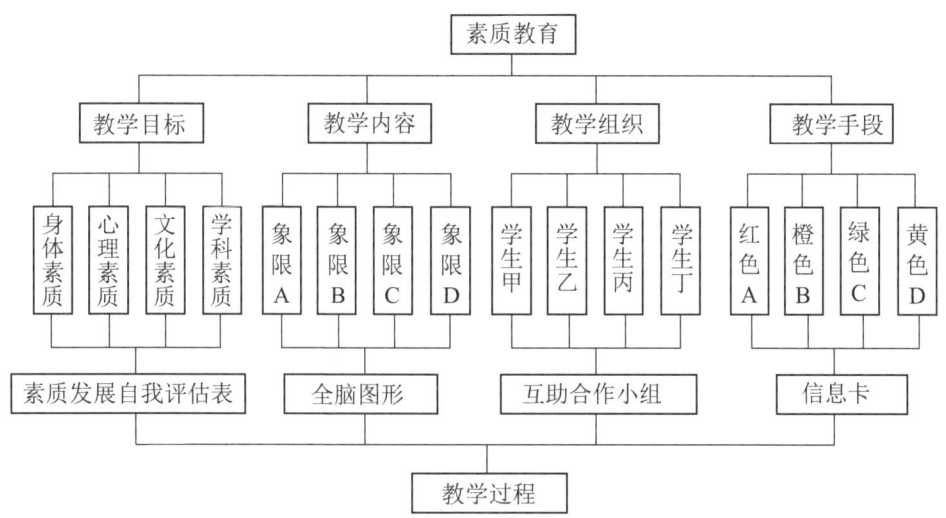

图1-2 "四合一"主体教学模式

（四）专业提升，推进课改

为保障教育教学质量，学校注重教师的专业发展与课堂教学改革。在学校数字化教学应用大环境下，教师们秉承"真、细、实"三个字，涌现出刘远峰、辛婉华、梁艳梅、钟昭华、谭群英等一批信息化骨干教师，和一批国家省市区级优秀教师、学科带头人、名师工作室成员等。他们热爱教育事业，教学经验丰富，教学成绩优异。目前教师团队已形成你追我赶、乐于奉献的敬业精神，这种敬业精神为打造高品质教学奠定了良好基础。

学校积极推进课堂教学与课程改革，积极引进"明德云""学科网""问卷星"等优质的教育资源和教学技术，利用"小乐秒阅"无感知课堂和智慧纸笔教学等智能教学技术，并结合学校常态的"四合一"主体教学模式，用智能化手段助推教学，推进课堂教学改革。近几年，教师的教学水平和科研能力得到很大提升，不少教师在省、市、区的教育教学比赛中获奖，多位教师成功申报区级课题并顺利结题。

数字化技术为教师教学带来了显著的变革，它提供的丰富多样的教研工具跨越了时间和空间的界限，使教师能够随时随地开展教研活动。同时，课题研究作为推动教育创新的重要一环，对学校的数字化探索与发展起到了反哺作用。通过课题研究，教师们能够深入评估数字化技术在学校实际应用中的效果，并基于评估结果，对技术的应用进行必要的调整和优化，从而使数字化技术能够更有效地服务于学校的教育教学全过程。

（五）家校共育，信息赋能

学校建成集专家讲座、校长讲堂、心理健康、特殊教育、思政学校、校园电视台于一体的多功能综合教育基地——家校活动中心（家校讲堂），学校"互联网＋家庭教育"特色窗口受到社会各方关注，学校被授予"家长学校示范校"称号。学校积极利用校家社的影响力，充分发挥家校讲堂的辐射作用，开展各类专家讲座和校长讲堂，让更多人受益，得到了学生、家长和社会人士的一致认可。在广州市第三届智慧教育校长论坛中，学校作了题为"乡村学校教育数字化转型'逆袭'之路"的专题演讲，受到了与会领导的肯定；在广州市第二届智慧教育成果巡展活动中，江村中学通过家校讲堂以"互联网＋"的形式面向全市进行成果展示；为庆祝2023年六一儿童节，江村中学作为广东省唯一参与学校，以"互联网＋"的形式，参与了中国教育电视台举办的"同上一堂课"音乐课活动，大大拓宽了师生的视野。

总的来说，学校一系列的智慧教育改革取得了较丰硕的成果，以2022学年（2022年9月—2023年8月）为例，学校师生参加各级各类比赛，共有289人次获奖，其中辛婉华老师的作品《月魂诗心——咏月诗的意象探微》荣获广东省微课项目省级三等奖。作为美丽乡村学校代表，美术教师龙宏钊老师接受了《羊城晚报》专访，这次专访是对乡村学校美术教育的充分肯定。八年级学生阅读团队在广州市教育局组织的"名著深度阅读之旅"活动中荣获市三等奖，获得《现代中小学生报》的全版报道。余文馨同学在第十三届广东省中小学"暑假读一本好书"活动中荣获省三等奖。

第二章
重建数字融合课程新体系

第一节 松品课程的构建

江村中学立足自身的地理优势、环境优势和传统优势,以松树精神为引领,深入挖掘"松文化"的内涵,并据此凝练出具有松品教育特色的办学价值观体系和课程体系,彰显了学校独特的育人模式和坚定地走松品教育品牌发展之路的决心。在此基础上,学校进一步以深厚的文化底蕴为根基,将课程作为实施教育的载体,通过整合各类教育资源,致力于走可持续发展的素质教育之路。具体而言,学校通过课程建设,有力推动了教育教学工作的不断发展。

一、课程理念

在松品教育的框架下,学校精心构建了"松品课程"。该课程理念与学校的教学理念——"志趣合作,品慧兼修"紧密相连,旨在引导学生树立远大志向并激发课程学习兴趣。"松品课程"的设计深刻融入松树品格的教育元素。一方面,它着重培养学生的学习态度、能力和行为习惯;另一方面,它关注学生的德育生长与智慧生成,力求实现学生品德与智慧的双重提升。

二、课程目标

"松品课程"的目标与学校的育人目标相契合,即培养德高品正、体健善学、勤奋上进、弘毅超越的江中学子(图2-1)。

三、课程框架

"松品课程"已经形成了体系化建设,绘制了包含"松之润课程群""松之源课程群""松之美课程群""松之趣课程群"在内的课程框架表(表2-1)。学校课程内容丰富多样,为学生提供了广阔的展现自我的平台。学校致力于通过这些课程,培养出德高品正、体健善学、勤奋上进、弘毅超越的江中学子。

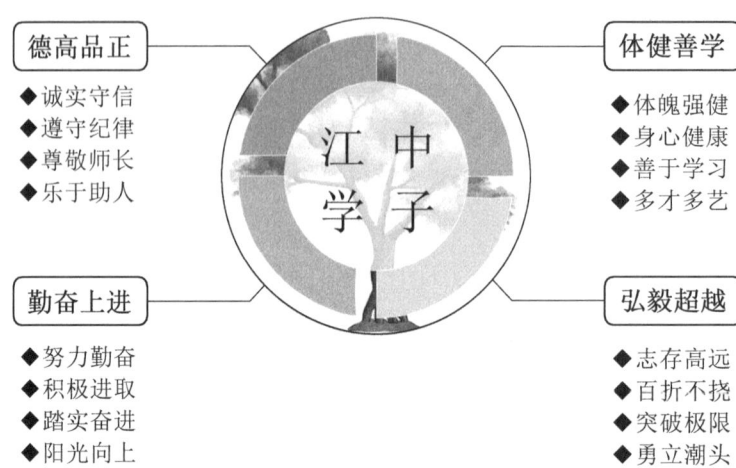

图 2-1 课程目标

表 2-1 课程框架

课程名称		松品课程			
课程理念		志趣合作，品慧兼修			
课程目标		培养德高品正、体健善学、勤奋上进、弘毅超越的江中学子			
课程群名称		松之润课程群	松之源课程群	松之美课程群	松之趣课程群
对应五育		德育	智育	美育	体育、劳育
课程设置	基础型课程	道德与法治	语文、数学、英语、物理、化学、生物、历史、地理、信息技术	音乐、美术	体育与健康、劳动、综合实践
	拓展型课程 特色课程	主题德育、德育实践、心理健康、职业规划	智慧阅读、智慧数学、轻松ABC、趣味物理、生活与化学、创客编程、人工智能	书法篆刻、手工制作、网络绘画、摄影	大课间、咏春、认识中草药
	拓展型课程 社团活动	礼仪社团、心理社团	智慧阅读社团、主持人社团、计算机社团、创客社团	书法社团、合唱社团、棋艺社团	足球社团、篮球社团、劳动社团
	拓展型课程 礼节活动	入学礼、入团礼、毕业礼	书香节、科技节	艺术节	植树节、体育节
	探究型课程	松文化、寻觅江高风情、环境课程、研学实践、家长学校课程			

四、课程内容

课程的规划与实施需全面考虑学生的需求与成长,以帮助学生更有效地应对未来社会的种种挑战与变化。从学生的角度出发,课程需深切关注学生个性化、多元化的学习成长需求,保证学生在课程中的主体地位得以彰显。课程资源的丰富性和适宜性,直接关乎课程目标达成的范围与层次,是课程实施成效的决定性要素。为此,"松品课程"涵盖了三大内容——基础型课程、拓展型课程和探究型课程,力求在保障学生基础知识扎实的同时,拓宽其视野,培养其创新思维与实践能力,促进学生的全面发展。

(一)基础型课程

基础型课程以学科为核心的延伸,旨在为学生提供全面、系统的知识体系和技能训练。这些课程包括语文、数学、英语、道德与法治、物理、化学、生物、历史、地理、音乐、美术、信息技术、体育与健康、劳动以及综合实践等多个学科,旨在培养学生的综合素质和多方面能力(表2-2)。

表2-2 基础型课程

课程类型	课程群名称	课程名称	核心素养
基础型课程	松之润课程群	道德与法治	家国情怀、责任担当、法治意识、公共参与
	松之源课程群	语文、数学、英语、物理、化学、生物、历史、地理、信息技术	语言能力、科学精神、逻辑思维、实践创新
	松之美课程群	音乐、美术	欣赏创作、审美情趣、艺术表现、创新创意
	松之趣课程群	体育与健康、劳动、综合实践	身体健康、科学运动、热爱劳动、热爱生活

如道德与法治学科,传统的道法课堂教学侧重于理论知识的传授和道德规范的灌输,其教学方法和模式往往较为单一。教学评价和考核通常采用笔试形式,主要考查学生对道德和法律知识的掌握程度。这种评价方式注重知识的记忆和再现,但往往忽视了对学生的实践能力、创新思维和道德素养等方面的评价。在松品教育理念下,学校采用多样化的教学方法,尤其是数字化的融合为新课堂提供了更多可能性。比如,利用微课、在线互动平台等,为学生提供多样化的学习资源和互动机会;通过在线模拟等方式,让学生在数字化环境中进行实践操作,提高学习效果。此外,在"双减"背景下,在作业设计

上进行创新，注重培养学生的道德认知、法治素养和社会实践能力，通过多样化的作业形式和内容，激发学生的学习兴趣和创造力，促进他们的全面发展。为提升学生的创新思维，学校举办了道德与法治课程的创新作业设计比赛（图2-2），旨在提升学生的道德认知、法治素养以及社会实践能力。比赛鼓励学生以各种形式进行创作，如以"与法同行"为主题，鼓励学生围绕法律知识和法治精神进行手抄报创作，可以包括宪法、法律小故事、法治名言等内容，旨在增强学生的法治观念和规则意识；以"厉害了，我的国"为主题，进行手工艺术品创作，引导学生关注国家发展和社会变化，展示国家的进步和成就。这有助于培养学生的爱国情怀和民族自豪感。

图2-2 道德与法治课程创新作业设计比赛

又如美术课程，作为培养学生审美能力、鉴赏能力和创造力的重要学科，过去传统的美术教学主要采用教师讲授、学生听讲和模仿的教学方式，更侧重美术基础知识的传授，如绘画技巧、色彩搭配等，并强调学生对经典美术作品的临摹和学习。但在核心素养框架下，美术教学应以学生全面发展为中心，注重培养其艺术审美能力、创新思维和实践能力。为此，美术课堂教学需要更加注重学生的主体性和创造性的发挥，强调通过多样化的教学方式和实践活动来培养学生的创新思维和实践能力。比如，采用项目式学习，引导学生围绕一个具体的项目进行学习和创作，通过团队协作和实践操作来培养学生的综合素养和实践能力；注重利用传统文化渗透，让学生在学习美术的同时了解和传承传统文化；组织学生进行写生、参观艺术展览等实践活动，提高学生的审美能力和创作水平。同时，利用现代科技手段（如数字绘画、3D打印、VR技术等）丰富美术教学的内容和形式，提高学生的创作效率和表现力。也可引入数字绘画软件、3D建模工具等现代技术，组织学生进行数字艺术创作。

松品链接

妙笔生画，艺彩情韵
——现场绘画大赛

为了给学生提供展示的舞台，全面培养学生良好的艺术修养，丰富校园文化生活，展示我校素质教育的丰硕成果，江村中学于2023年12月8日下午举办了以"拼搏奋进，创造美好生活"为主题的现场绘画大赛（图2-3）。

图2-3 以"拼搏奋进，创造美好生活"为主题的现场绘画大赛

在本次绘画大赛中，各班级的同学纷纷拿起画笔，尽情挥洒，将对生活与学习的美好祝愿和期待，以及对未来的无限憧憬，展现在画纸上。他们以生动活泼的方式，描绘出心中的祖国母亲和家乡美景，一幅幅充满童趣、富有创意且饱含热情的画作让人眼前一亮。这些作品不仅展示了江中学子对祖国大好河山的赞美，更体现了他们对未来美好生活的向往。通过这次活动，同学们抒发了对祖国母亲的热爱之情，同时也提升了校园艺术氛围，展现了江村中学对艺术教育的重视。

除了在教学方法上的创新，在评价上，学校更关注过程性评价、综合性评价等多元化评价方式，注重学生的全面发展，通过多样化的教学方式和实践活动来培养学生的核心素养。学校采用同伴评价、自我评价和教师评价相结合的方式，关注学生发现问题、解决问题的能力，注重学生思考能力、创新思维等方面的发展。同时,学校会定期组织作品展示或讨论会,为学生提供展示和交流的平台。

(二)拓展型课程

拓展型课程分为特色课程、社团活动、礼节活动三大部分,旨在从学生的兴趣和技能提升出发,促进学生的个性化发展和综合素质提升。特色课程是针对学生的个性化需求,结合学校的教学资源和教师的专业特长,设计的具有独特性和创新性的课程;社团活动为学生提供了一个展示自我、交流技艺、培养团队合作精神的平台;礼节活动具有集体性质,需要学生共同参与和协作,增强学生的仪式感和集体荣誉感,为学生提供拓宽知识面的机会。

1. 特色课程

特色课程包括四个课程群,分别是松之润课程群、松之源课程群、松之美课程群、松之趣课程群,每个课程群都有不同的课程内容。其中,松之润课程群注重从德育、心理健康教育、生涯教育三个维度入手,松之源课程群围绕学科内容,对学科知识进行拓展和实践,松之美课程群主要与美育内容有关,松之趣课程群包括体育与中草药学习等内容(表2-3)。

表2-3 拓展型课程之特色课程

课程群名称	课程名称	课程内容		课程目标
松之润课程群	主题德育	七年级	明德弘志,热爱江中;体健善学,塑造形象	培养学生松树般的品格,使学生拥有坚强的意志,坚韧不拔、不畏困难、勇往直前
		八年级	志趣合作,砺学笃行;学会学习,培养习惯	
		九年级	品慧兼修,弘毅超越;立志成才,追求成功	
	德育实践	感恩教育、禁毒教育、国防教育、法纪安全教育、爱国主义教育		培养学生的爱国主义情感,让学生懂得感恩、珍爱生命,树立远大理想,有信念、有信心
	心理健康	自我认识、情绪调节、人际交往		提高学生的心理素质,培养学生乐观向上的心理品质,充分开发学生的心理潜能
	职业规划	自我认识、我的理想职业、职业体验		增进学生对社会职业的了解,帮助学生发现、培养职业兴趣,明确职业意向,树立正确的择业就业观

续表

课程群名称	课程名称	课程内容	课程目标
松之源课程群	智慧阅读	七年级《梦里书香》、八年级《松品书香》、九年级《哲思书香》	以"品松"为主题,突出校园特色,使学生在阅读中品悟松的品格,修身养性
	智慧数学	数学建模、趣味数学、数学竞赛	领悟数学之魂、认识数学之功、经历数学之旅、品味数学之趣、领略数学之奇、思考数学之问
	轻松 ABC	词汇记忆、英语口语、英语演讲	鼓励学生学习松树品格,增强自信,大胆开口说英语
	趣味物理	物理故事、物理实验、物理现象	感受学科知识与生活的紧密联系,了解生活中的物理、化学现象,激活学生的学科知识储备,培养学生的思维能力和探究能力
	生活与化学	生活中的化学元素、生活中的化学实验、生活中的化学现象	
	创客编程	编程、3D 打印、PS 设计、奇思妙想创客 show	激发学生对现代科学技术创新创造的兴趣,促进学生学习能力的提升,发挥课堂的育人功能,培养学生的创新精神、理性思维
	人工智能	计算机、机器人、无人机设计与应用	
松之美课程群	书法篆刻	毛笔楷书、隶书、篆书、行楷、行书和硬笔楷书、行楷、行书篆刻艺术	注重笔墨刻工技巧的锤炼、学识的积淀,涵养广博胸襟和恢宏气度,培养学生品格素养
	手工制作	剪纸、陶艺、钩织、压花、插花	培养学生的动手实践能力,发展学生的想象力和创新创意思维
	网络绘画	网络绘画基础、网络绘画大赛	培养学生学习艺术的兴趣爱好,营造浓郁的校园艺术氛围
	摄影	摄影技巧、校园风光、人物摄影、摄影大赛	使学生了解摄影方面的基本知识,引导学生形成一定的审美能力,培养发现并享受生活中的美好的能力

续表

课程群名称	课程名称	课程内容	课程目标
松之趣课程群	大课间	跑操、广播体操	提高学生的身体素质，促进学生强健体魄
	咏春	咏春拳学习、咏春拳比赛、咏春拳表演	强调"动者武以强身健体"的理念，弘扬和传承"尚武·弘毅"的精神
	认识中草药	常见的中草药、中草药与健康、中草药种植	让学生学会观察植物的特点和生长历程，探索和发现大自然的奥秘，种植中草药，了解中草药的功效与日常应用

在松之美课程群中，开设了书法篆刻的艺术特色课程，旨在丰富学生的课余生活，提高学生的审美能力和文化素养。在课程学习中，学生通过亲手制作属于自己的篆刻作品，在感受中国传统文化的魅力的同时，发挥自己的想象力和创造力，不断尝试新的设计和技法，培养创新精神。

为满足不同水平学生的需求，学校篆刻艺术特色课堂采用小班制教学，确保每位学生都能得到充分的关注和指导。课堂内容包括篆刻基本知识、篆刻技法、篆刻实践等。教师通过讲解、示范、实践相结合的方式，引导学生掌握篆刻的基本技能。除了常规的课堂教学外，学校还组织各种丰富多彩的课堂活动，如篆刻作品展示、篆刻技艺比赛、篆刻艺术讲座等，让学生在实践中不断提高自己的篆刻技艺。在教师的指导下，学生亲自动手制作篆刻作品，从选材、设计、刻画到上色，全面体验篆刻艺术的魅力。通过学习篆刻艺术，学生欣赏到传统文化的美感，深入地了解中华优秀传统文化，能增强文化自信，提高自己的审美能力（图2-4）。

图2-4 学生正在进行篆刻练习

2. 社团活动

社团活动在学生的生活中扮演着至关重要的角色，不仅有助于培养学生的兴趣和技能，还能拓展他们的社交圈，增强归属感和集体荣誉感，为学生的全面发展提供有力支持。社团活动是深受江中学子欢迎的课程之一，学校根据教学实际与学生兴趣，不断加大对社团活动的支持和投入，为江中学子提供更多样化、更高质量的社团活动。目前，拓展型课程下的社团活动共有12个，分别对应四大课程群，包括礼仪社团、心理社团、智慧阅读社团、主持人社团、计算机社团、创客社团、书法社团、合唱社团、棋艺社团、足球社团、篮球社团、劳动社团（表2-4）。

表2-4 拓展型课程之社团活动

课程群名称	课程名称	课程内容	课程目标
松之润课程群	礼仪社团	日常礼仪训练、礼仪活动	提高学生自身形象、自身修养，促进交际，营造良好的校园氛围
	心理社团	心理团体辅导、心理活动	培养学生乐观向上的心理品质，促进学生人格的健全发展
松之源课程群	智慧阅读社团	阅读分享交流、阅读成果展示	开展以读书为主要内容的阅读实践活动，让阅读陪伴学生的成长，丰富学生的精神生活，促使学生养成良好的读书习惯
	主持人社团	播音发声、朗读技巧、主持艺术、形体训练、主持活动	培养学生的主持兴趣，激发学生在各种活动中的表达欲望，让学生敢于在公众面前表达和展示自己
	计算机社团	模型制作、网页制作、程序设计	培养学生对信息技术的热爱，加强学生学习计算机的兴趣，提高学生的计算机应用水平
	创客社团	科技制作、3D打印、创意编程	培养学生的创新思维能力，推动学生思维的发展，让他们成为学习、生活的创造者

续表

课程群名称	课程名称	课程内容	课程目标
松之美课程群	书法社团	楷书、行书、隶书、草书、书法竞赛、书法作品展	培养学生对书法艺术的兴趣，给予学生展示才能的舞台
	合唱社团	声乐训练、合唱表演	培养学生对音乐的兴趣，发展学生的音乐特长，给予学生展示才能的舞台
	棋艺社团	五子棋、象棋	磨炼学生的意志、陶冶学生的情操，丰富校园文化生活
松之趣课程群	足球社团	足球训练、足球比赛	打造健康向上的校园生活，在足球、篮球运动中发展学生的运动能力
	篮球社团	篮球训练、篮球比赛	
	劳动社团	社区劳动、校园清洁、志愿服务、劳动节活动	为学生创设劳动体验情境和机会，引导学生牢固树立劳动最光荣、劳动最崇高、劳动最伟大、劳动最美丽的观念

例如，为培养学生对传统文化的兴趣和热爱，提高学生的文化素养，学校开设了书法社团（图2-5）。社团旨在通过丰富多样的课堂活动、系统的教学安排以及优秀的课堂成果，让学生在学习书法的过程中，感受到中国传统文化的魅力，培养良好的审美情趣和独特的个性。

书法课程的内容主要涵盖楷书、行书、草书、隶书等多种书法字体的基本技法和历史背景。教师会根据学生的年龄特点和兴趣，采用生动有趣的教学方法，如讲解、示范、互动等，帮助学生掌握书法的基本技巧。此外，教师还会教授学生如何欣赏书法作品，培养他们的审美能力和鉴赏力。为了让学生更好地参与到书法学习中来，学校邀请著名书法家到校进行现场教学，让学生亲身感受书法大师的风采，激发他们对书法的兴趣。此外，学校还通过组织学生参观书法展览、举办书法比赛等活动，让学生在实践中提高自己的书法水平；鼓励学生自主创作，将所学的书法知识运用到日常生活中，如写春节对联，让书法成为他们生活的一部分。

图2-5 书法社团

经过学习,学生们在书法方面取得了显著的成绩。他们的字迹端正、结构严谨,在作品中流露出浓厚的传统文化气息。许多学生的书法作品在校内外的比赛中荣获奖项。更重要的是,在学习书法的过程中,学生们不仅提升了自身的文化素养,还培养了耐心、毅力和专注力等品质,为他们日后的学习和生活奠定了坚实的基础。

3. 礼节活动

举办以特定节日为背景的礼节活动,赋予节日庄重感和神圣感,可以让学生在愉快的氛围中学习和体验节日文化,培养他们的文化素养和社交能力。例如,在新生入学时举办入学礼活动,让新生更好地融入校园,对学校产生归属感,树立正确的价值观和行为规范;举办科技节,通过开展科普知识专题讲座、科普知识竞赛、科技创意作品展等活动,提升学生的科学素养和创新能力,促进校园节日文化的建设和发展。在拓展型课程中,依据四大课程群的不同,分别设置了八大礼节活动——入学礼、入团礼、毕业礼、书香节、科技节、艺术节、植树节、体育节(表2-5)。

表2-5　拓展型课程之礼节活动

课程群名称	课程名称	课程内容	课程目标
松之润课程群	入学礼	新生入学礼活动	为学生营造和谐有序的校园氛围，让学生在人生的新征程中充满希望，树立理想
	入团礼	新团员入团仪式	让学生在入团礼中感受成为共青团员的光荣与自豪，同时明确作为团员的责任与义务
	毕业礼	毕业生毕业典礼	为毕业生的三年中学生活做一个圆满的小结，激励他们在人生的新篇章鼓足奋斗的新动力
松之源课程群	书香节	诗文朗诵、主题演讲、读书笔记、读书分享、主题征文	通过开展融合了知识性与实践性的节日活动课程，不断提升学生的综合素养
	科技节	科普知识专题讲座、科普知识竞赛、科技创意作品展	
松之美课程群	艺术节	书画竞赛、合唱比赛、歌唱比赛	
松之趣课程群	植树节	植树活动	
	体育节	体育竞赛活动	

以艺术节为例，学校每年四月举办艺术节，旨在为学生提供展示艺术才华、激发艺术创造力的平台，丰富学生的校园文化生活，从而愉悦身心，增进交流，营造学校和谐共进的良好氛围。艺术节上，书画竞赛、合唱比赛、歌唱比赛等丰富多彩的活动轮番上演，不仅可以提升学生的艺术修养，还能增强他们的团队协作能力和自信心。此外，文艺会演是学校艺术教育成果的一次集中展示，是校园文化活动的延伸，更是对学生进行德育教育的重要阵地。如2023年，学校以"传承红色文化，展示美育风采"为主题，举行了第二十五届艺术节文艺会演，不仅展示了学生的艺术才华和审美能力，还增强了学生的爱国情感和民族自豪感（图2-6）。

图2-6 第二十五届艺术节文艺会演

(三)探究型课程

探究型课程以学生为主体,强调学生在开放宽松的环境下,自主发现并选择对生活、自然、社会中感兴趣的问题或课题,通过独立或合作的方式进行探索、研究活动。学校的探究型课程包括五大方面,一是以学校松文化为背景的,让学生探索松树的历史、故事、品质的课程,旨在引导学生更加了解校园文化,习得松树的高尚品格;二是让学生调查和发现身边的松树的课程,旨在引导学生掌握科学探究的基本方法和步骤,激发他们对自然科学的兴趣和好奇心;三是以环境为主题的课程,培养学生爱护环境的良好习惯;四是以研学为主题的课程,带领学生走出教室,走进社会和自然,在社会实践中习得不同的能力,开阔眼界;五是家长学校课程,主要帮助家长提升家庭教育能力,促进学生各方面的和谐发展(表2-6)。

表2-6 探究型课程

课程名称	课程内容		课程目标
松文化	松树的历史、松树的故事、松树的品质		以松文化为背景,以学校办学理念、成长要素、价值追求为基础,使学生学习和体会松品教育的丰富内涵
寻觅江高风情	我们身边的松树	松树生存状况调查、松树的生命独特性	让学生树立松树般的自尊自立的人生态度,具备面对困难、挫折不屈不挠的精神

续表

课程名称	课程内容		课程目标
环境课程	人文环境	垃圾分类、植绿、护绿	培养学生爱护环境的良好习惯，同时以校园内的"松品八景"时刻熏陶和感染学生，使松树的精神、品格深入学生心中
	文化物象（松品八景）	校名石刻、星光廊、理念墙、活力广场、咏春堂、松文化廊、品松台、松荫会场	
研学实践	红色研学	烈士陵园	引领学生走出教室，走向更为广阔的天地，在真实的情境中体验、合作、探究，真正形成适应未来社会发展的必备品格和关键能力
	历史文化研学	广州博物馆、广东省博物馆	
	学农研学	走进田园，体验农耕	
	科技研学	文博3D打印科普、研学教育基地	
	中医药研学	广州神农草堂、广东中医药博物馆	
家长学校课程	家长讲坛	家庭教育、青春期	使未从事过教育工作的家长掌握教育孩子的科学办法，提高家庭教育质量和水平，更好地配合学校全面推进素质教育
	家长阅读	亲子阅读、优秀父母的修炼	
	家长沙龙	共同成长、家校共育	

江村中学的课堂，不仅仅局限于钢筋混凝土的教室之内，还走进了广袤的自然之中。野外的瓜田稻海见证了学生们的成长，学生们留下了吟诵的诗句。以研学实践课程为例，该课程让学生们走出教室，亲身体验、探索与学习，将理论知识与实践相结合，在这片充满生机的土地上，播撒知识的种子，收获成长的果实。研学实践课程包括红色研学、历史文化研学、学农研学、科技研学、中医药研学等内容。

红色研学，作为一种聚焦于红色文化的研学活动，其核心在于通过实地探访红色革命纪念地、深入研习红色历史以及汲取红色精神精髓等途径，培育并提升学生的爱国主义情怀与历史文化素养。例如，2023年5月，学校组织初一年级师生前往黄埔军校旧址及辛亥革命纪念馆开展研学活动（图2-7）。此次活动不仅包含了军事革命历史的学习，还融入了素质教育课程，让学生们得以亲身体会军事文化的深厚底蕴，并激发他们的爱国主义情感。学生们共同踏入这片历史圣地，深切感受革命先辈当年立志从军、救国救民的雄心壮志，从中探寻时代赋予他们的深刻启示与答案。

图2-7 红色研学活动

学农研学，通过一系列精心设计的环节，同学们体验到了收割的艰辛与繁琐，并惊叹于稻谷转化为大米的奇妙过程。让学生走出书本，走出课堂，踏入田间地头，亲身参与农耕劳动，不仅锻炼了他们的体魄、磨砺了他们的意志，还教会了他们吃苦耐劳的精神。在此过程中，学生更加深刻地理解了劳动人民的辛劳，学会了尊重劳动及其成果，并积极传承勤俭节约的传统美德。通过这一系列劳动实践活动，同学们不仅享受到了劳动带来的乐趣，还深刻体会到了"谁知盘中餐，粒粒皆辛苦"的真谛，从而培养了自身的综合实践能力，提升了综合素质（图2-8）。

科技研学，是一种让学生接触到科技成果、体验科学实验的乐趣、培养独立思考和动手实践的能力的活动。为了积极响应国家"双减"政策的号召，学校致力于丰富学生的课外生活，通过一系列科技研学活动，激发学生的探索兴趣和创新潜能。其中，学校引入了3D打印技术的学习与实践。学生们在3D打印科普研学教育基地，通过亲手设计、建模、打印出各种实物作品，加深了对三维空间结构的理解，锻炼了动手能力和解决问题的能力。随着科技研学活动的不断深入和完善，学校的素质教育取得了更加显著的成效。

图 2-8 学农研学活动

研学实践课程不仅让学生体验了社会生活，拓宽了视野，还锻炼了他们团队协作的能力，有效拉近了同学之间的距离。在活动中，学生们积极劳动、互相帮助，充分发扬了团结合作的精神。学校基于研学实践课程着力培养学生全面发展的松品教育，正焕发出蓬勃的生命力。

五、课程实施

2023年，教育部发布了《基础教育课程教学改革深化行动方案》，强调应坚持因校制宜，推行"一校一策"，将国家统一制定的育人"蓝图"细化为各学校的育人"施工图"，清晰界定课程教学改革的具体路径与举措。课程的实施不仅限于校园与课堂之内，还同样存在于更为辽阔的天地之间。教育的多元化全面促使学习活动延伸至更广泛的领域，并呈现出更多样的形式。因此，要激活课程的育人功能，必须聚焦于教育高质量发展的核心要求，全面把握学校课程实施的多重视角与途径。课程实施应立足于学校的实际情况，包括充分考量教师与学生的实际状况以及课程资源的具体条件，通过构建一个既灵活又开放，还充满包容性的课程体系，才能够更有效地实施多元化的课程方案。

（一）课时实施计划

基础型课程、拓展型课程、探究型课程的各个课程课时实施计划如表2-7。

表2-7 课时计划与课程实施

课程群名称	课程名称			课程实施	课程评价
一、基础型课程					
松之润课程群	道德与法治			按国家课程设置安排教学课时	1. 组织形式：以班级为授课单元。 2. 教师配置：按课程需要配置教师。 3. 教材配置：采用人教版或广州本土教材	1. 评价方式：根据教育局的有关规定进行。 2. 评价周期：每学期一次
松之源课程群	语文、数学、英语、物理、化学、生物、历史、地理、信息技术				
松之美课程群	音乐、美术				
松之趣课程群	体育与健康、劳动、综合实践				
二、拓展型课程					
松之润课程群	特色课程	主题德育	明德弘志，热爱江中；体健善学，塑造形象	七年级	1. 组织形式：主题班会、级会、校会等。 2. 教师配置：班主任、级长、下级行政。 3. 教材配置：部分教材由江村中学自主研发	1. 评价方式：根据学生的参与态度、行动研究进行评价。 2. 评价周期：每学期一次
			志趣合作，砺学笃行；学会学习，培养习惯	八年级		
			品慧兼修，弘毅超越；立志成才，追求成功	九年级		
		德育实践	感恩教育	5月		
			禁毒教育	6月		
			国防教育	12月		
			法纪安全教育	每月		
			爱国主义教育	10月		
			心理健康	每个学期		
			职业规划	九年级		

续表

课程群名称	课程名称		课程实施	课程评价
松之源课程群	特色课程	智慧阅读	每周1节	1. 组织形式：以班级为授课单元。 2. 教师配置：由本校本学科教师授课。 3. 教材配置：部分教材由江村中学自主研发。 4. 智慧阅读、轻松ABC、大课间、咏春等全员参与	1. 评价方式：根据学生的参与态度、行动研究进行评价。 2. 评价周期：每学期一次
		智慧数学	七、八年级每周0.5节		
		轻松ABC	每周1节		
		趣味物理	八、九年级每周0.5节		
		生活与化学	九年级每周0.5节		
		创客编程	七、八年级每周0.5节		
		人工智能	九年级每周0.5节		
松之美课程群		书法篆刻	七、八年级每周1节		
		手工制作	每周0.5节		
		网络绘画	每周0.5节		
		摄影	每周0.5节		
松之趣课程群		大课间	每天1节		
		咏春	每周1节		
		认识中草药	七、八年级每周0.5节		

续表

课程群名称	课程名称		课程实施	课程评价
松之润课程群	社团活动	礼仪社团、心理社团	每周1节	1. 评价方式：根据学生的作品、表演以及参加活动的态度、纪律等进行评价。 2. 评价周期：每学期一次
松之源课程群		智慧阅读社团、主持人社团、计算机社团、创客社团		
松之美课程群		书法社团、合唱社团、棋艺社团		1. 组织形式：学生按自己的兴趣爱好和特长自主报名参加。 2. 教师配置：本校教师为主体，配置部分外聘教师
松之趣课程群		足球社团、篮球社团、劳动社团		
松之润课程群	礼节活动	入学礼	七年级9月	每学年开展一次	/
		入团礼	八年级5月		
		毕业礼	九年级6月		
松之源课程群		书香节	4月	各种礼节活动每学年开展一次	1. 评价方式：根据学生的作品、表演以及参加活动的态度、纪律等进行评价。 2. 评价周期：每次活动评价一次
		科技节	12月		
松之美课程群		艺术节	5月		
松之趣课程群		植树节	3月		
		体育节	11月		

三、探究型课程

松文化	每学期1次	分年级或者分班级，以实践活动的形式开展	1. 评价方式：根据学生的实践报告以及参加活动的态度、纪律等进行评价。 2. 评价周期：每次活动评价一次
寻觅江高风情	每学期1次		
环境课程	每月1次		
研学实践	每学期1次		
家长学校课程	每月1次		

（二）课堂教学

1. "四合一"主体教学模式

"松品课程"以"志趣合作，品慧兼修"课程理念为引领，倡导"四合一"主体教学模式。"四合一"主体教学模式就是把教学目标、教学内容、教学组织、教学手段四个元素合成一个目标实施素质教育的教学模式。其课堂教学特点是大容量、强节奏、高效益、面向全体；以"全脑模型"为基础，以小组合作性活动为主体，以信息卡为教学手段之一，将个人评价和小组评价相结合，具有极强的实践性和可操作性。"四合一"主体教学模式的核心价值是建立高效课堂。坚持向课堂 40 分钟要质量，把学生作为认识和发展的主体，关注学生个体差异，面向全体学生，尊重每一个学生，促进学生主动、生动、活泼地发展。

2. 融入大单元教学

"松品课程"的实施融入大单元教学，通过对课堂的顶层设计，展开大单元教学，更好地落实"课程核心素养"目标。

大单元教学的内涵理解：大单元教学以大任务、大情境、大主题开展相关的学习活动，以整体的目标任务为驱动力，依据课标，将教材单元转化为大单元，围绕大单元主题，促进学生迁移应用，设计大作业，发展学生的课程核心素养。

大单元教学的设计理念、愿景与思路：大单元教学的设计理念是，聚焦核心素养，以学习为中心，运用系统思维，指向概念性理解，建构有联系的、有意义的课堂教学；大单元教学的设计愿景是，有清晰的目标达成线索，有逻辑分明的核心任务设计及层次递进的子任务规划，保持课程标准的教、学、评一致性；大单元教学的设计思路是，在分解课标、驾驭教材、读懂学情的基础上，确定大单元主题。

大单元视角下的课堂教学创新，没有标准答案，但有共同的追求——以学生发展为本，以提升学生核心素养为宗旨。

六、课程评价

课程评价就是航向，是促进课程高质量发展的重要手段。江村中学结合学校实际，基于"松品课程"体系，构建"松品课程评价体系"及"家长学校课程评价体系"，并展开一系列的评价活动，评选出"松品学子""优秀班集体""优秀班主任""教学能手"等。

(一) "松品课程" 评价

"松品课程"采用量化评价和质性评价相结合的方法评价学生的综合素养。量化评价的呈现形式为学业报告,质性评价的呈现形式为成长记录,结构如图2-9。

图2-9 学生综合素养评价

1. 通过学习情况评价学生的学业

学生的学业情况,包括课程学习的数量、质量、广度及难度等方面,主要通过量化评价的方式来反映。量化评价的工具是学习成绩,这些成绩最终汇总形成学业报告,通过对学业报告中的学习成绩数据进行分析,可以清晰地呈现出学生在不同课程群以及不同学习领域中的成就与潜质。这样的分析有助于学生认识自我,进而促进他们的充分发展。

学习成绩的获得依据是课程综合评价结果,通过过程评价和终结评价来完成。对学生的学业评价由只注重成绩等级的单一学业评价模式,转变为同时关注学生的学习动力、学习态度、学习方法、学习效率、创新思维和创造力等多方面的综合性评价模式,更加重视学生学习素养的提升。

2. 通过记录与描述反映学生的成长

学生的成长情况,用记录和描述的方式加以评价反馈。需要记录和描述的情况分为三个板块,即成长经历、师友印象、代表作品,最终形成成长记录报告。

成长经历包含两个部分,一是学生对有价值的成长经历的记录。可记录的经历包括但不限于以下几类:创作创新、课堂经历、自学经历、课外阅读、体育运动、艺术爱好、社团活动、大型活动、社会实践、公益服务、人际交往。二是经过学校认定的学生奖惩记录。

师友印象是他人基于观察到的客观事实,对学生积极个性品质的描述和记录。教师、同学、家长等都可以作为记录主体。

代表作品是由学生提交的,认为在不同领域最能体现自己能力与个性的任何作品。

（二）系列评选活动

1. "松品学子"评选

基于松品教育特色，学校从"德、智、体、美、劳"5个维度构建完善的"松品学子"评价体系。将每位学生视为独一无二的个体，学校关注的重心朝着学生成长过程和个性发展倾斜。

"松品学子"评价体系包括学生自评、同学互评和教师评价三维评价方式，并推出多个不同的荣誉奖项，设置"松品学子""尚德学子""慧思学子""阳光学子""博艺学子"和"弘毅学子"等荣誉称号。其中，"松品学子"荣誉称号是学校为毕业生单独设立的奖项。（见附件1："松品学子"评选方案）

2. "优秀班集体"评选

班级是学校管理的基本单位，班级的运行状况直接影响到学校工作的有序运转。为促进班级工作有效开展，调动师生创建优秀班集体的积极性，培养学生优秀的品质，彰显良好的班风、学风、校风，学校每月会进行一次"优秀班集体"评选活动。（见附件2："优秀班集体"评选方案）

3. "优秀班主任"评选

为树立典型，表彰先进，奖励取得突出业绩的班主任，进一步加强班主任队伍建设，鼓励教师长期担任班主任工作，调动广大教师担任班主任工作的积极性，完善班主任工作评优促优激励机制，有效提升班主任队伍素质，学校每年会进行一次"优秀班主任"评选活动，对评选出的年度"优秀班主任"予以隆重表彰，授予"优秀班主任"荣誉称号。（见附件3："优秀班主任"评选方案）

4. "教学能手"评选

学校每年会开展一次"教学能手"评选活动，进一步锤炼教师教学的基本功，提高整体课堂教学水平，为教师提供相互切磋、相互交流、相互学习的机会。通过评选活动，教师能互相学习借鉴他人的教学艺术、教研成果，达到共同提高、共同发展的目的。（见附件4："教学能手"评选方案）

七、课程保障

（一）规范管理机制，监督课程常态化有效实施

"松品课程"由校长室牵头，通过学生工作中心和课程教学中心两大职能部门双线并行实施，确保课程有序开展，探索并形成长效机制（图2-10）。

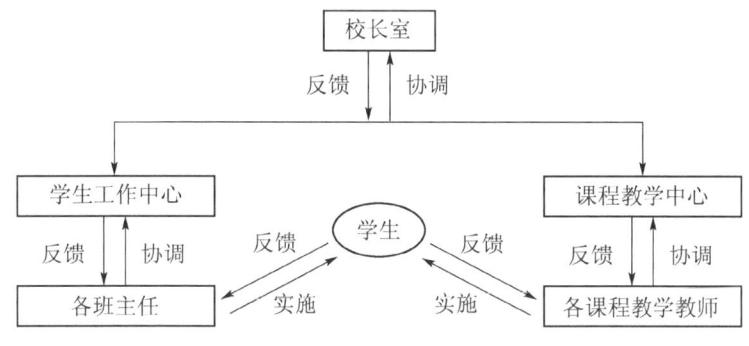

图 2-10 课程实施监督机制

（二）完善各类制度，确保课程常态化有效执行

严格执行课程计划，认真落实关于教学管理的各项措施，提升课程的执行力。完善教师的学习研修制度、课程教研制度、教学反思与教学能力的评价制度，促进教师专业化发展。

（三）开展师资培训，确保课程常态化有效进行

为保障课程常态化实施，学校加大师资力量的培训，通过专家报告、课程展示、专题研讨等活动，让教师认识到课程的重要性，更好地实施课程并推广成熟有效的实施策略。

（四）落实经费物资，确保课程常态化有效开展

为了确保课程的顺利实施，学校从多个维度提供全面而有力的保障，包括时间、空间、经费与物资的保障。学校着力整合各方资源，形成一个协同高效的支持体系。在时间方面，合理规划课程安排，确保每门课程都有充足的教学时间，避免时间冲突和浪费。在空间方面，充分利用学校现有设施，如教室、实验室、图书馆等，同时积极寻求外部空间资源，如街道社区中心、专业场馆等，为学生提供更广阔的学习和实践场所。在经费方面，拨出部分资金作为课程开发津贴，以鼓励和支持教师积极研发新课程，提高教学质量。此外，积极争取政府资助、企业赞助和社会捐赠等多渠道经费来源，为课程的持续发展提供坚实的资金保障。在物资方面，根据课程需求，及时采购和补充必要的教学设备和材料，确保教学活动的顺利进行。同时，建立物资管理制度，对物资的采购、使用、保管和报废等环节进行规范管理，提高物资的使用效率和效益。

附件1："松品学子"评选方案

一、评选目的

为彰显学校"松文化"，突出学校松品教育特色，江村中学每学期开展一

次"松品学子"评选活动,汲取松文化育人内涵,使松树的品格深入学生心中,鼓励学生像松树一样拥有宽宏的胸怀、坚强的意志、远大的志向,成为德智兼修、全面发展、能适应新时代发展需要的高素质未来人才。

二、评选对象

所有在校学生。

三、领导小组

组长:副校长

副组长:各年级级长

成员:各班主任及科任教师

四、评选指标

1. "松品学子"评价表

荣誉称号	评价内容	评价指标	学生自评	同学互评	教师评价	综合评价
尚德学子	热爱祖国、遵纪守法、尊重他人、诚实守信	1. 认真参加爱国主义教育活动,按学校要求穿校服,佩戴红领巾,升旗时不随意走动,集会时保持肃静				
		2. 进入教师办公室喊报告,做到有礼貌,与同学相处宽容大度,互相团结友爱,在家孝敬父母、尊重长辈				
		3. 自觉遵守《中学生日常行为规范》《中小学生守则》和校规校纪				
		4. 独立完成各科作业,考试不作弊,为人诚实守信				
慧思学子	乐学向上、善于思考、探索钻研、自主学习	1. 学习有目标,能制订学习计划,讲求效率,善于总结学习心得,主动和别人分享自己的学习感悟				
		2. 每天坚持进行一定量的阅读,每学期阅读年级推荐书目,学业成绩优良,各科均衡发展				
		3. 有强烈的好奇心,凡事能多问为什么,并能主动去了解、去探索				
		4. 学习知识时,能举一反三,灵活运用,讨论问题时,能大胆发表自己的意见,并能提出新的观点				

续表

荣誉称号	评价内容	评价指标	学生自评	同学互评	教师评价	综合评价
阳光学子	积极锻炼、身心健康、科学运动、和谐成长	1. 每天能参加体育锻炼1小时，认真做好课间操、眼保健操，认真上好每一节体育课，积极参加体育运动竞赛				
		2. 早睡早起，有科学的作息时间，有良好的个人生活习惯				
		3. 有一项以上的运动爱好和技能，在《国家学生体质健康标准》的各项测试中达到合格以上				
		4. 遇到不如意或者挫折时，能主动倾诉，寻找解决问题的方法，意志坚强，管理好自己的情绪				
博艺学子	学会审美、习有特长、多才多艺、乐于展示	1. 有健康的审美情趣，热爱并欣赏生活、自然、艺术和科技之美				
		2. 认真上好每一节音乐、美术课，按时完成艺术作业				
		3. 积极参加班级、学校组织的各类比赛或演出				
		4. 有一项艺术特长				
弘毅学子	热爱生活、热爱劳动、开拓创新、超越自我	1. 积极参加学校组织的社会实践和校外研学活动				
		2. 积极参加社会公益活动、志愿服务活动、勤工俭学活动等				
		3. 积极参加各级各类创新大赛、有一定技术含量的科技比赛，并能主动探究、乐于动手，在各级各类比赛中荣获佳绩				
		4. 热爱劳动，热爱生活，知行合一，学以致用				
综合性评语	班级评价等级：_____ 年 月 日					

评价说明：

（1）评价采用等级制，分为 A、B、C、D 四个等级，A 为优秀、B 为良好、C 为合格、D 为不合格。

（2）每学期进行一次评价，学生在某个方面表现突出就可以申请得到一个相应的荣誉奖项。在满足条件的情况下，一人最多可申报两项。

2. 毕业生"松品学子"评价表

荣誉称号	评价内容	评价指标	学生自评	同学互评	教师评价	综合评价
松品学子	德	热爱祖国、遵纪守法、尊重他人、诚实守信				
	智	乐学向上、善于思考、探索钻研、自主学习				
	体	积极锻炼、身心健康、科学运动、和谐成长				
	美	学会审美、习有特长、多才多艺、乐于展示				
	劳	热爱生活、热爱劳动、开拓创新、超越自我				
综合性评语	班级评价等级：_____				年 月 日	

评价说明：

（1）评价采用等级制，分为 A、B、C、D 四个等级，A 为优秀、B 为良好、C 为合格、D 为不合格。

（2）优秀毕业生"松品学子"评价需要结合学生初中三年的表现进行评价。

（3）毕业生"松品学子"荣誉称号是学校为毕业生单独设立的奖项。学校从毕业年级中选出 30 名优秀毕业生授予此奖项，既为 30 位优秀毕业生的美好未来表示祝福，也激励其他学生在学校的三年要不断地成为更好的自己。

3. 评价方式

（1）学生自评：学生自评原则上以评语的形式，在 5 个评价维度上作描述性评价，作为综合性评语的参考依据。学校可结合实际，以主题班会等生动活泼的形式，组织学生逐一向大家做描述性自我评价，充分发挥自我评价对学生的自我教育、自我激励作用。

（2）同学互评：可以采取全班互评和小组互评方式。如果采取小组互评，每一小组人数不宜少于 5 人。班主任组织召开班级互评讨论会，要求全体学生参加。同学互评可与学生自评结合起来，在学生做描述性自我评价后，由全班同学针对评价要素和主要行为表现进行评价，评定等级。

（3）教师评价：每个班级成立一个由班主任和本班科任教师组成的评价小组，建议人数在3人以上。小组成员对学生有充分的了解，为人诚实、责任心强。评价工作正式开始前，要将小组名单向被评班级所有学生公布，如果超过三分之一的学生不同意某教师作为评价者，应作调整。教师评价应参考学生自评、同学互评所提供的信息，对每个学生进行终结性评价，评价结果包括综合性评语、评定等级两部分。

五、评选办法

（1）"松品学子"评价分为日常评价和终结性评价。两者的评价指标在丰富度和可比性上要有所侧重，但在基本内容上要保持内在一致性。学校每学期组织一次学生评价评选工作，每学年第一学期在12月、第二学期在6月完成。

（2）初中三个学年共评价6次，毕业年级"松品学子"的评选名额为30名，是在各学期对学生进行评价的基础上做出的终结性评价与评选。

（3）经学生个人申报，班主任审核，级长审批，领导小组根据评选条件和申报材料确定"松品学子"名单。

（4）评选出的"松品学子"名单，经公示无异议后，教务处会议批准。

六、表彰奖励

（1）学校对评选出的"松品学子"予以隆重表彰，授予相应的荣誉称号，颁发荣誉证书和奖品。

（2）学校通过校园网和公众号，对"松品学子"的表彰进行报道和宣传。

附件2："优秀班集体"评选方案

一、评选目的

江村中学每月开展一次"优秀班集体"评选活动，以促进班级工作有效开展，调动广大师生创建优秀班集体的积极性，培养学生优秀的品质，彰显良好的班风、学风、校风。

二、评选对象

所有班集体。

三、领导小组

组长：德育主任

副组长：各年级级长

成员：各班主任及科任教师

四、考核指标

考核内容	考核指标	考核方式	分值	得分
班主任考勤	全勤5分，早、午迟到减1分，班主任会议缺勤减1分、迟到减0.5分，跟班、跟操检查记录统计达不到80%减0.5分	检查	5	

续表

考核内容	考核指标	考核方式	分值	得分
计划总结	开学一周内制订切实可行的班主任工作计划，按时上交（2.5分）。期末按时上交班级工作总结等有关材料（2.5分）。不交0分，迟交减1分	看资料	5	
组织建设	班委会配置完整（3分），定期召开班干部会议，每学期不少于4次且有记录（2分）。班委配备不全减0.5分，每学期少于4次班干部会议减0.5分	看资料	5	
班级文化	教室布置整洁大方、有特色（10分）。教室美化上除黑板报外基本无布置减5分	检查	10	
班级活动	按计划组织开展班级活动（5分），主题班会每月不少于两次且有资料可查（3分），积极参与学校组织开展的活动（2分）。没按计划开展班级活动的，少一次减1分，主题班会少一次减1分，对学校组织开展的应当参与的活动，少参加一次减1分	查资料与访问	10	
安全纪律	经常开展安全教育、纪律教育且有记录（10分），养成教育常抓不懈且有资料可查（5分），在教室、走廊、操场上无疯跑追逐现象（5分），无攀爬栏杆、围墙、树木、门窗现象（5分），上课期间无私自出校园现象（5分）。在教室、走廊追逐每人次减0.5分，在操场上疯跑追逐每人次减0.5分，攀爬栏杆、围墙、树木、门窗每人次减0.5分，上课期间私自跑出校门每人次减0.5分	看检查记录	30	
财物管理	门、窗、桌椅无人为损坏现象（10分），放学后关好门、窗、灯（5分）。门、窗、桌椅人为损坏，不及时报告且找不到损坏者，视情况减1～5分，放学后不关门每次减0.5分，不关窗每次减0.5分，不关灯每次减0.5分	看检查记录	15	
清洁卫生	教室和卫生区干净，地面无垃圾（5分），卫生防病教育抓得实且有资料可查（5分）。教室不干净每次减0.5分，卫生区不干净每次减0.5分，卫生防病教育不落实，视情况减0.5～1分	看检查记录	10	

续表

考核内容	考核指标	考核方式	分值	得分
集会两操	升旗、集会秩序好，纪律严，声音整齐洪亮（5分），出操及时，做操规范（3分），眼保健操做得及时规范（2分）。升旗与集会队伍秩序混乱每次减1分，做操懒散每次减0.5分	看检查记录	10	
加分项	文体活动比赛，集体或个人获国家级、省级第一名加6分、第二名加4分、第三名加2分；获市级、区级、校级第一名加3分、第二名加2分、第三名加1分	获奖证明	/	
	好人好事：一般情况下有记载，可酌情加分，累计加分不超过5分	看记录	/	
否决项	班级学生违反学校纪律，造成极坏影响的	看记录	/	
	班级出现较大安全责任事故的		/	
	班级无故不参加学校组织的活动，不服从学校工作安排的		/	
整体得分	/	/	/	

五、评选办法

（1）"优秀班集体"每月评选一次。

（2）经班主任申报，政教处审核，由领导小组根据评选条件和申报材料评分确定"优秀班集体"评选推荐名单。

（3）评选出的"优秀班集体"，经公示无异议后，校长会议批准。

六、表彰奖励

（1）学校对评选出的"优秀班集体"在升旗仪式上予以隆重表彰，授予"优秀班集体"荣誉称号，颁发"优秀班集体"锦旗，评选结果会作为班主任评选年度"优秀班主任"的重要依据。

（2）学校通过校园网和公众号，对"优秀班集体"进行报道和宣传。

附件3："优秀班主任"评选方案

一、评选目的

树立典型，表彰先进，奖励取得突出业绩的班主任，进一步加强班主任队伍建设，鼓励教师长期担任班主任工作，调动广大教师担任班主任工作的积极性，完善班主任工作评优促优激励机制，有效提升班主任队伍素质。

二、评选对象

江村中学现任班主任。

三、领导小组

组长：副校长

副组长：德育主任

成员：各年级级长

四、评选条件

评选项目	评选指标	分值	得分
师德师风 （40分）	1. 热爱班主任工作，有高度的事业心和责任心，工作尽职尽责，育人效果好	8	
	2. 有端正的教育思想，关心和爱护学生，尊重学生人格，依法执教，教育方法得当	8	
	3. 严格执行师德规范，廉洁从教，无违规违纪行为	8	
	4. 注重学生的健康成长和全面发展，切实减轻学生过重的课业负担	8	
	5. 注重协调和支持科任教师，主动与家长沟通联系，有效形成家校教育合力	8	
履行职责 （30分）	1. 履行好班主任岗位职责，落实学校对班主任的工作要求	7	
	2. 上好班会课，充分发挥班会课的教育作用	7	
	3. 按照学校德育工作的要求，认真进行半期和期末总结，做好学生综合素质评定，召开家长会	8	
	4. 按时上交相关资料、表格、计划、总结。服从学校安排，愿意完成临时交付的任务	8	
常规管理 （30分）	1. 具有符合素质教育要求的教育观，依法育人，教育方法得当，班风班纪好	7	
	2. 班级组织管理能力强，班级管理工作规范并有创新，发挥学生的自主管理能力，班级文化建设有特色，班级活动丰富多彩	8	
	3. 具有课改意识，组织、引导学生学会自主学习、合作学习、探究学习。班级学业成绩处于同类班级中上水平	8	
	4. 认真落实学校德育工作要求，引导学生明辨是非、善恶、美丑。学生学习目标明确，生活态度端正，行为习惯良好	7	

续表

评选项目	评选指标	分值	得分
一票否决项	1. 班主任工作责任心不强，多次不履行班主任工作职责	/	
	2. 搞有偿家教、组织学生购买教辅资料	/	
	3. 违背依法执教的要求，有体罚或变相体罚学生行为	/	
	4. 班级出现重大安全责任事故和教育教学责任事故	/	
	5. 班级出现打架斗殴事件和严重违反校规校纪行为，造成恶劣影响	/	
	6. 在学年统考中，班级综合成绩在同类班级中排位靠后	/	
	7. 在上级部门和学校的例行检查中，班级管理不合规范，被点名批评	/	
整体得分	/		

五、评选办法

（1）"优秀班主任"每年评选一次，评选名额不得超过10名。

（2）经个人申报，政教处审核，由领导小组根据评选条件和申报材料评分确定"优秀班主任"评选推荐人选。

（3）评选出的"优秀班主任"人选，经公示无异议后，校长会议批准。

六、表彰奖励

（1）学校对评选出的年度"优秀班主任"予以隆重表彰，授予"优秀班主任"荣誉称号，颁发证书及奖品，评选结果会作为向上级推荐班主任系列表彰的重要依据。

（2）学校通过校园网和公众号，对"优秀班主任"的事迹进行报道和宣传。

附件4："教学能手"评选方案

一、评选目的

深化对教师教学技能的磨砺，全面提升课堂教学质量，为教师搭建互动研讨、经验分享、相互启发的平台。教师借此平台能学习借鉴他人的教学艺术、教研成果，实现共同进步与发展的目标。

二、评选对象

教龄在三年以上，从事一线教学工作的江村中学教师均可报名参加。

三、领导小组

组长：副校长

副组长：教学主任

成员：各科组长

四、评比内容

第一轮：教案、作业批改的情况。（20%）

第二轮：课堂教学（公开课）比赛，指定内容，提前两天通知准备，使用录播室，体现课堂教学与信息技术的深度融合。（50%）

第三轮：说课比赛，定时、定内容，要求与讲课内容一致。（30%）

五、评选标准

1. 教师教案检查表

姓名	案头齐全（25分）	内容记录详实（25分）	有过程评价（25分）	有整节课评价（25分）	总分（100分）

2. 课堂教学评价表

授课人_____ 课题_____ 班级_____

时间_____ 总分_____ 评委_____

评选项目	评选指标	分值	得分
教学目标（10分）	1. 知识目标明确，内容具体、全面，符合课程标准对本节内容的要求和学生的实际情况	2	
	2. 重视学习习惯的养成，对学科能力的提高措施得力，并能有效地激励和指导学生正确认识学科的价值	2	
	3. 目标意识强，前后联系密切，能从目标出发，及时恰当地调控教学过程，并注意生成目标的达成	3	
	4. 充分挖掘教材中的教育因素，体现"立德树人"的具体要求	3	

续表

评选项目		评选指标	分值	得分
教学过程（80分）	学生参与互动（30分）	1. 课堂教学中学生始终能积极主动参与到学习新知、问题探索的活动中去，主体作用得以充分发挥	6	
		2. 学生主动参与的广度、深度和参与时间达到一定要求，有良好的提问习惯，能质疑，有独到见解	6	
		3. 师生平等地对话、有效地交流，教师较好地发挥了指导者、组织者和合作者的作用，教师在关键时刻的作用适时及时	6	
		4. 学生在自主学习、独立思考基础上的讨论、合作学习扎实有效，活动的方式方法和内容能有机结合，有"翻转课堂"方面的实践	6	
		5. 师生、生生不仅有语言、动作方面的交流、互动，更有思维、情感方面的交融、交流、碰撞和成果共享	6	
	知识落实（50分）	1. 学生获得对知识的真正理解，能用精确、简约、规范的语言有条理地表达与交流	10	
		2. 学生能建立不同知识之间的联系，把握知识的结构、体系，并能综合应用所学知识解决问题	10	
		3. 学生的思维能力、想象力得到进一步发展，学生能对自己的学习过程、学习方法进行不同程度的回顾总结	15	
		4. 学生能说出自己的学习收获，包括知识、技能和能力发展情况，练习或测试效果良好，基本内容合格率能达90%	15	
教学手段和方法（10分）		1. 教师能利用教科书及以外的课程资源，如自身、学生、社会等资源，会根据内容的要求有效使用多媒体辅助教学手段	2	
		2. 教师能积极创设学习情景，能依靠目标有效地指导、启发、调控、强化学生的自主学习、合作学习和探究学习方式	2	
		3. 教师教态亲切自然，有感染力，教学语言准确无误，善于与学生进行情感交流，讲解、提问、指导语言规范得体	2	
		4. 教学结构合理，教学环节得当，教学反馈有效、及时和全面，每个教学环节都扎实有效	2	
		5. 教师教学技能娴熟，教法灵活多样，能面向全体学生、兼顾个体差异，能从学生的不同需要出发组织和实施教学	2	
整体得分		/	100	

3. 说课评价表

班级_____ 学科_____ 课题_____
说课人_____ 说课时间_____ 评课人_____ 总分_____

评价项目	评价指标	分值	得分
教材分析 （20分）	1. 教材的地位、作用明确	5	
	2. 教学目标恰当、准确、有科学依据	5	
	3. 重点难点把握准确	5	
	4. 教学内容组织严谨、科学，符合学生实际	5	
教学方法 （20分）	1. 教法科学合理、正确处理主导与主体的关系	6	
	2. 因材施教、分类指导	7	
	3. 恰当使用教具等有效手段	7	
学法指导 （20分）	1. 突出学法的指导和能力的培养，体现培养学生"会学"的教学思想	10	
	2. 注意创设情景，激发学习兴趣	10	
教学程序 （20分）	1. 教学程序设计层次清楚，体现目标的控制性	6	
	2. 各环节设计体现启发性，注意展现思维的过程	7	
	3. 面向全体学生，注意教与学的双边活动及反馈矫正	7	
说课结构 （20分）	1. 层次清晰、重点突出、详略得当	6	
	2. 说理精辟、恰当、自然、有特色	7	
	3. 教师素质方面：语言、教态、板书等	7	
整体得分	/	100	

六、评选办法

（1）评委：校级领导、教导处、各科组长和部分教师代表。

（2）报名：以教研组为单位报给教导处。

（3）活动时间：每年四月份。每学年开展一次校级"教学能手"评选活动，"教学能手"的评选名额分配为：语、数、英各2人，物、化、生、政、史、地、音、体、美、综合实践等学科各1人。

（4）评选出的"教学能手"人选，经公示无异议后，校长会议批准。

七、表彰奖励

（1）学校对评选出的"教学能手"予以隆重表彰，授予"教学能手"荣誉称号，颁发证书及奖品。

（2）学校通过校园网和公众号，对"教学能手"的表现进行报道和宣传。

第二节 松品课程的数字化融合

随着信息技术的普及和快速发展，特别是人工智能、机器人等最新技术的广泛应用，全球已经迈入了一个全新的"智能时代"。在这个时代背景下，科技创新成为推动社会进步和经济发展的关键力量，而创新人才则是实现科技创新的核心要素。因此，创新人才的培养显得尤为重要，而创新教育则是培养创新人才的重要途径。创新教育注重培养学生的创新思维、创新能力和创新精神。江村中学的"松品课程"融合了数字化技术，在创客编程、人工智能等方面积极探索创新教育。

一、创客编程

创客编程教育作为创新教育的重要一环，对于中小学生的创新思维与实践能力的培养具有深远意义。随着国家对创新教育的日益重视，相关部门已出台了一系列政策，以推动创客教育蓬勃发展。例如，教育部在《教育信息化"十三五"规划》中明确指出，要积极探索信息技术在创客教育等新的教育模式中的应用，着力提升学生的信息素养、创新意识和创新能力。系列政策为创客编程校本课程的研发与实施奠定了坚实的基础，并提供了强有力的支持。随着教育改革的不断深化，众多学校愈发重视对学生创新与实践能力的培养，以促进学生综合素质的全面提升。

为将学生培养成为拥有创新思维、创新意识和创造能力的创新人才，江村中学在开发课程时，强调"创新"这一核心要素，并注重"做中学"和"创中学"的教学理念。通过对创客编程的学习，学生能够熟练掌握图形化编程，并能够运用所学知识进行创新创作。

在教学内容设计上，一是注重跨学科知识的整合，将创客编程与学校的其他课程进行整合，如物理、信息技术、美术等，形成跨学科的综合课程体系。这种整合有助于培养学生的跨学科整合能力和创新能力；二是以现实问题为出发点，通过主题、项目或活动的形式构建整个课程体系；三是在内容选择上，充分考虑中学生的身心特点和认知水平，制订难度适中、循序渐进的课程计划。例如，设计初阶、中阶、高阶等不同难度的课程项目。

在教学形式上，充分利用学校的创客空间、实验室等资源，为学生提供良好的学习环境和条件。为了拓宽学生的视野和知识面，学校邀请行业专家、企业家等为学生举办讲座或提供指导。此外，学校还通过研学活动，让学生亲身体验创客编程科技的魅力，这不仅增长了他们的见识，激发了他们的学习兴趣，还使他们对未来科技充满了期待和热情。通过实际操作和体验，学生们在创客编程方面提升了技能与实践应用能力，提升了解决问题的能力和创造力。同时，这些丰富的活动内容也促进了学生之间的合作与交流，培养了他们的团队精神。

松品链接

扬帆启航，逐梦九天
——南粤航空航天科技创新研究院研学活动

2024年5月7日，江村中学组织初一、初二年级学生参与了研学之旅，目的地是南粤航空航天科技创新研究院。此次活动旨在让学生们通过亲身体验和深入探究，激发他们对航空航天科技的兴趣，并提升他们的科学素养和创新能力。学生们参观了以中国航天发展为主题的展览。通过身临其境的VR课程，学生们对宇宙和航天有了更直观的认识，感受到了科研力量的伟大。学生们借此机会认识和了解了前沿的AI科技，学习了基本的编程知识。这些活动帮助他们构建了对智慧生活、智慧城市等未来概念的基本认识，并鼓励他们面向未来、拥抱新技术。此次南粤航空航天科技创新研究院的研学活动为学生们打开了科学的大门，让他们在探索中收获知识，在交流中获得成长。

在教学策略上，采用项目式学习、探究式学习等教学方法，让学生在实践中学习、在创造中成长。同时，教师应注重引导学生发现问题、分析问题、解决问题，培养学生的批判性思维和解决问题的能力。

在教学思路上，注重学生的主体性，鼓励学生通过合作学习、自主探究等方式，完成一个完整的综合项目教学活动。同时，课程内容的设计应贴近生活实际，将原本枯燥的传统知识转化为有活力、有意义的生活问题，从而激发学生的学习兴趣和创新热情。

在评价方式上，注重多元化评价，不仅关注学生的作品成果，还应关注学生的创新过程、团队合作、问题解决等多个方面的能力。同时，还应建立有效的反馈机制，及时收集学生的意见和建议，对课程进行持续改进和优化。

随着信息技术的飞速发展和创新教育的持续深入,创客编程校本课程正扮演着愈发关键的角色。通过不断优化课程内容、革新教学方法和完善评价机制,此类课程能够培养出更多具备创新思维与创新能力的人才,为科技发展和社会进步贡献力量。

二、人工智能

随着人工智能技术的快速发展,社会对具备 AI 素养的人才需求日益增大。为适应未来科技发展趋势,提升国家竞争力,开展中小学人工智能教育显得尤为必要。2017 年,国务院发布的《新一代人工智能发展规划》首次将人工智能发展提升至国家战略高度,并明确提出在中小学阶段设置人工智能相关课程的要求。随后,教育部在《普通高中信息技术课程标准(2017 年版 2020 年修订)》及《义务教育信息科技课程标准(2022 年版)》中均将人工智能纳入课程内容,有力推动了中小学人工智能教育的实施。人工智能教育不仅能够培养学生的创新思维和实践能力,提升学生解决问题的能力,促进学生的全面发展,还有助于学生构建对人工智能领域的全面认知,为迎接未来科技领域的挑战与机遇做好充分准备。

为了培养学生的 AI 素养与相关技能,包括计算思维、人工智能核心概念及设计思维等,提升学生的创新思维和实践能力,为未来科技发展奠定坚实基础,学校开发了人工智能课程。该课程涵盖人工智能技术的多个领域,包括但不限于机器学习、深度学习及自然语言处理等,旨在融合数学、物理、化学等学科知识,有效培养学生的逻辑思维与创新能力。

在教学内容的选择上,选择适合初中生的内容:介绍人工智能的基本概念、发展历程及应用领域;教授常用的编程语言如 Python 和开发工具如 TensorFlow 等,为学生打下坚实的编程基础;通过分析人工智能在智能语音助手、智能推荐系统等多个领域的应用案例,增强学生的应用实践能力。同时,为确保课程的时效性和前瞻性,教师会紧跟人工智能技术的最新发展,不断更新和调整教学内容,以保持课程的前沿性和实用性。

在教学实施上,采用线上线下相结合的教学模式。线上教学以网络平台为主,提供丰富的教学资源和在线学习支持;线下教学以课堂讲解、小组讨论、实验操作等形式开展,注重培养学生的动手实践能力。

在活动形式上,积极与当地企业合作,为学生提供实践机会,让他们在实践中掌握人工智能技能,提高解决实际问题的能力;鼓励学生参加各类人工智能竞赛、实践项目,拓宽实践渠道,提升学生的实践能力。

在教学策略上,采用项目式学习和探究式学习等方法。引导学生进行项目式学习和探究式学习，通过设计实验、编程练习等方式，培养学生的实际操作和解决问题的能力。鼓励学生自主探究人工智能技术的原理和实现方式，培养他们的创新意识和创新能力。教师要多尝试新的教学方法和手段，如在线教学、协作学习等，以提高教学效果和学生的学习兴趣。

在教学评价上，利用线上和线下相结合的方式，构建学生综合评价体系，包括回答问题、课堂展示、项目展示等；注重过程性评价，构建多维评价体系，包括学生自评、同学互评、教师评价等，侧重于关注学生的创新思维、计算思维、编程能力和人机协同等人工智能素养水平的提升。

总的来说，创客编程与人工智能校本课程的开发与实施需全面考量国家政策导向、未来科技发展趋势、学生综合素养提升需求以及国际发展潮流等多方面因素，通过确立清晰的课程目标、构建系统化的课程体系、精选适宜的教学内容、筹备丰富的教学资源、加强教师培训以及采用线上线下结合的教学模式等综合策略，有效地推动校本课程的开发与实践，为学生未来的科技探索与创新之路奠定坚实的基础。

第三章

重构数字课堂新模式

第一节 数字课堂的模式构建

课堂作为教育教学核心场景，人工智能将为其带来怎样的变革？北京师范大学教授张志勇认为，人工智能在教育领域将创造新的教学模式。传统的二元结构——教师与学生，将转变为三元结构——教师、机器与学生。机器将成为智能助教、学伴或导师，与师生共同学习、共同成长。[1] 当人工智能融入课堂，学生们将迎来前所未有的学习体验，个性化学习的特征将更为显著，师生互动也将更加智能化。

广州市白云区位于广州市中北部，作为广州市面积最大、常住人口最多的中心城区，其教育规模亦非常庞大。截至 2023 年 1 月，区内现有学校 664 所（中小学、幼儿园）；现有在校（园）学生 35.97 万人，在职教职工 3.5 万人，学校总量大、范围广，是广州市基础教育的重要基地。

近年来，白云区在国家政策的指导下，积极响应"建设数字中国"的号召，将"智慧白云、数字政府"作为推动区域社会经济高质量发展的重要战略。特别是在教育领域，白云区深刻认识到教育数字化对于促进教育优质均衡发展、提升教育质量和效率的关键作用，将其作为核心任务加以推进。

为推动教育数字化转型的深入发展，白云区在全国率先引入并推广了无感知 AI 数字课堂。这一创新举措以"人工智能+教学"为核心，聚焦于课堂教学模式的革新，通过无感知 AI 数字课堂，实现课堂教学的智能化、个性化，进而提升教师的教学水平和学生的学习效果。目前，白云区无感知 AI 数字课堂的建设正在如火如荼地分批推进。江村中学作为实践学校，以无感知 AI 数字课堂为依托，成功构建数字课堂新格局。

针对当前人工智能辅助中小学教学存在投入成本高、应用范围窄、数据互

---

[1] 程婷. 人工智能时代，教育变革走向何方？教育机制如何转变？[EB/OL]. (2024-07-18) [2024-11-19]. https://www.thepaper.cn/newsDetail_forward_28111072.

通难的问题，学校提出一种基于无感知 AI 数字化学校管理的、新型的、面向课堂教学的 AI 辅助教学方案。该方案依托新型无感知数据采集终端，在学生无电子设备、不打断课堂节奏、不改变师生教学习惯的情况下，实现课堂数据无感知采集、全学科智能批阅和精准学情实时反馈等功能，充分利用数智技术赋能学校管理及课堂教学的创新与变革。

一、建设新型无感知 AI 数字课堂

随着教育数字化的深入发展，传统课堂暴露出无法实现教学数据全过程、常态化、伴随式采集、处理和应用等问题，而依托学生电子终端构建智慧课堂的模式，也在教育教学的反复实践中暴露出影响视力、分散学生注意力、维护困难、难以管控等弊端。

（一）课堂教学问题分析

1. 传统课堂的客观局限

传统课堂缺少精准教学整体设计方案，无法实现教学数据全过程、常态化、伴随式采集、处理和应用。学生无法即刻知晓自身学习中的具体错误及产生原因，影响学习效果。教师也无法实时掌握全班学习情况，难以精确判断哪些知识点学生掌握不足、哪些环节需要加强，影响教学调整的时效性。

2. 个性化教学需求与传统教学的矛盾

在当前教育背景下，因材施教、个性化教学已成为普遍共识，但传统课堂往往采取"一刀切"的教学方式，难以满足不同学生的学习差异性需求。这导致学有余力的学生感到课程过于简单、缺乏挑战，而学习困难的学生可能因跟不上进度而逐渐失去信心。此外，机械性、重复性的作业占比较大，忽视了作业的诊断、巩固和学情分析功能，未能有效激发学生的学习兴趣和主动探索精神。

3. 智慧课堂的局限性

依托学生电子终端（如平板电脑、电子纸笔、答题器等）构建智慧课堂，在一定程度上能够解决上述问题，但在教育教学的反复实践中，也暴露出了一些弊端。例如，长时间使用电子终端可能会影响学生的视力，分散学生的注意力，同时终端的维护也面临一定的困难，且难以进行有效的管控。并且，它们也带来了新的挑战，如设备维护成本高、学生书写习惯改变等问题。

因此，如何强化学校课堂管理，在不增加学生负担、不影响教学习惯的前提下，利用人工智能技术实现个性化教学，满足学生对传统书写习惯养成的诉

求，同时提高教育教学的质量和效率，成为当前亟待解决的关键问题。

（二）无感知 AI 数字课堂的引进背景

白云区教育局积极响应教育数字化发展的趋势，采取前瞻性行动，决定率先引入无感知 AI 数字课堂，该系统采用"云—边—端"一体化架构，由"小乐 AI 数字课堂云平台""小乐 AI 边缘服务节点"和"小乐秒阅智能终端（无感数据采集终端）"构成（图 3-1）。该系统可在无任何学生电子设备的情况下，实现课堂数据无感知采集，并通过全学科智能批阅算法快速完成数据处理，生成班级实时学情，赋能教师教学和学生学习，助力课堂提质增效。这为传统课堂的数字化转型提供了全新路径。

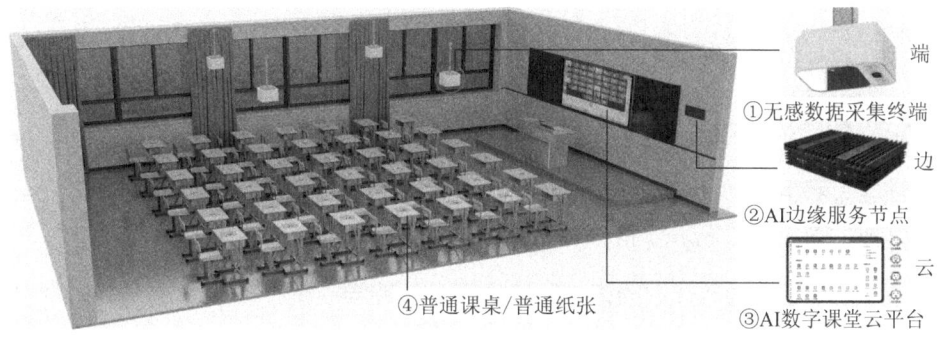

图 3-1 无感知 AI 数字课堂布局图

二、数智技术与教学核心环节深度融合

人工智能技术与教育教学的深度融合，打通了"课前—课中—课后—阶段考试"的核心流程数据，构建出基于动态知识图谱的精准学情分析体系，优化了教育资源配置，形成了一套科学、系统的高质量提升方案，从而全面提升学校教育质量。

（一）基于生成式人工智能大模型技术的资源生成

针对课前环节，基于生成式人工智能大模型技术的教研云平台，能够高效地满足教师日常备课与考试等核心需求，通过智能推荐算法与班级学情分析，智能生成教案、课件讲义和试卷，极大地提升教师的备课效率。

（二）基于机器视觉和人工智能技术的教学模式变革

针对课堂教学环节，无感知 AI 数字课堂系统通过机器视觉和人工智能大模型技术，实现了练习、作业、教辅、考试等场景数据的无感知采集、处理、分析和应用。

课堂上，学生无需任何电子设备，作业、练习和考试全流程通过普通纸笔完成作答。学生作答后，教师使用"小乐秒阅智能终端"对学生桌面数据进行无感知、伴随式、智能化采集，并通过认知智能算法快速完成分析处理，实时生成班级学情分析报告（包括学生作答情况、题目正误统计、知识点掌握情况），为精准教学（包括备课预习、课堂教学、差异化辅导）和个性化学习提供数据支撑，让教师能快速调整课堂教学，提高课堂互动性和教学效果。同时，学生桌面直播、数据分组展示等创新功能为开展小组合作、探究式教学提供了便利。

（三）基于智能推荐引擎的智慧作业体系

课后环节，教师使用智能推荐引擎，结合课堂学情发布精准作业或分层作业，学生完成后，通过 AI 数字课堂工具一键采集、批阅作业，实施作业精准管理。平台能够自动记录学生做错的题目，并整合成错题本，便于学生进行针对性复习和巩固。如此一来，既不加重学生的作业负担，又充分发挥了作业对日常教学效果的诊断和学情分析功能。

（四）基于动态知识图谱与智能学情分析的学业水平提升

充分利用大数据和人工智能技术，构建学科知识图谱，能够详细描绘每位学生的知识掌握情况，形成个人专属的知识网络视图。结合学情分析数据，深入剖析学生的优势与不足，制订针对性强的提升计划和学习路径，力求让每一位学生都能在适合自己的节奏下提升学业成绩。

三、深化"教学评一体化"核心理念

"教学评一体化"是教育改革的核心理念，它强调教学、学习与评价三者之间的有机结合。这种一体化不仅要求教师在教学设计和实施过程中关注学生的学习成果，同时要求评价活动能够真实反映学生的学习过程和教师的教学效果。基于白云区引入的无感知 AI 数字课堂技术，江村中学充分利用其创新的数据驱动方式，为学校的教育评价带来了革命性的变革。

（一）教学的创新导向

1. 课程标准的深化实施

教育要促进人的全面发展，包括知识、技能、情感、价值观等多个方面。从早期侧重基础知识和技能的"双基"教育，到当前强调核心素养的教育模式，课程标准在这一过程中不断演进。学校在推进"教学评一体化"过程中，依据新课程标准的要求，以课堂教学为核心，紧密衔接课前教研、学生预习以及课后作业；引导教师深入研读教材，明确教学目标，将学科核心素养融入教学实践中；鼓励教师们通过大单元或大概念教学设计，建立知识间的纵向和横向联系，促进学生提升综合运用知识的能力。

2. 学情的精准把握

在传统的教学过程中，学生学情的考量往往被边缘化。然而，班级教学与个性化需求之间的张力，以及学校文化、生源和社会环境的多样性，这些都是教师在设计教学时必须纳入考量的因素。学校通过构建"教学评一体化"新体系，不仅优化了教学流程、提升了教学效益，更将学科核心素养融入了日常教学之中，引导学生自主学习、全面发展。这样的做法极大地促进了教学质量的提升，为学生实现全面而均衡的发展奠定了坚实基础。

3. 评价体系的全面革新

评价不仅是衡量学习成果的工具，更是引导教学和学习的重要机制。《深化新时代教育评价改革总体方案》的发布，标志着教育评价的多元化和过程化转型。教师评价的改革旨在超越单纯的成绩导向，强调师德和教学成果的全面性；学生评价则要求全面覆盖德、智、体、美、劳等方面，提倡基于学生个体差异的科学成才观念。

（二）以学生为中心的学习模式

1. 个性化学习环境的创建

利用无感知 AI 数字课堂等先进技术，学校为学生提供了定制化的学习体验。这些技术能够根据学生的个人能力和进度，实时调整教学内容，确保每位学生都能在适合自己的节奏中学习，同时通过项目学习、合作学习等多样化教学活动，激发学生的学习兴趣。

2. 核心素养与能力培养

学校教育不仅注重学生知识体系的构建，更强调批判质疑、问题解决等核心素养的培养。建立以学生为中心的学习模式，通过无感知 AI 数字课堂等人工智能技术及项目学习、合作学习、小组学习等多种教学活动，激发学生的学习兴趣，鼓励学生主动参与学习过程，形成自己的知识体系和思维模式，促进学生的单元学习和深度学习。同时，通过实践和反思，培养学生的批判性思维和解决问题的能力，提高学生的综合素养。

（三）全面综合的评价体系

为超越传统的以考试成绩为唯一标准的评价模式，学校基于白云区建立的全面综合的评价体系，综合运用观察记录、教师评价、家长评价、自我评价、小组评价等多角色、多维度的评价方式，更真实、全面地反映学生的学习过程和个人成长。营造支持学生个性化和全面发展的教育环境，为学生的终身学习和未来的社会参与打下了坚实的基础。

同时，学校通过云计算和大数据技术，打通教育各业务系统，实现全场景数据自动化采集、处理、分析与应用；并对接国家教育数字基座，与教育部可信教育数字身份打通，实现数据的加密、溯源、认证、安全保护和规范应用，输出学生个性化成长档案，为推进学生综合素质评价改革提供技术支撑。

四、无感知 AI 课堂的校本化实施

江村中学充分结合学校原有的"四合一"主体教学模式，在当前五项管理、"双减"政策、平板教学受到制约的情况下，在传统物理卡片"A、B、C、D"的基础上，通过小组合作，利用"旧手机+问卷星""无感知人工智能""智能纸笔教学"等智慧教育手段，让"ABCD 卡"数字化、数据展板化；引进"明德云"（教师专业学习平台）提升教师专业素养，推动课堂教学改革。

经过探索，江村中学基于乡村学校现有简易条件，大胆创新实践，形成了"一改二培三推四转"的"DIY 智慧教育模式"，即"自己动手更设备，花点小钱升升级，强化培训建队伍，不等不靠智慧行"。对于经费不足的学校，这样的做法值得借鉴，能够实现花小钱办大事，让陈旧的设备不再闲置无用，从而充分满足学校智慧教育的需要。

随着教育数字化的推进，江村中学无论是在课堂教学改革还是在师生素养提升等方面，都取得了一定成效。在智慧教育巡展活动中，广州市教育局市管一级调研员曾对江村中学作出点评："江村中学作为一所地处城乡接合部的农村学校，基于学校实际，因地制宜，有效利用现有设施设备，大力开展系列信息化活动，取得了显著成效，为处于城乡接合部的农村中学提供了很好的范例。"他认为，广州市推动教育数字化转型重点应该抓住三个方面：一是从"重建设"转向"强应用"；二是从"试点性"转向"规模化"；三是从"展示型"转向"常态化"。他希望充分利用各种智慧教育手段、创新应用，助力"双减"，提升线上教育质量和课堂教学品质，落实五育融合，努力打造基于智慧阅读、人工智能、共享课堂教学普遍开展、师生信息素养全面提升的智慧教育样板区域。

江村中学作为乡村学校，虽然教育数字化转型取得了一定的进步，但学校

在探索智慧教育与5G、人工智能、VR/AR等新领域的融合创新应用方面,还有很多不足,如亮点还不够突出、特色应用还不够明显等。后续学校将进一步加强平台应用工作,求真求实抓细,让教育数字化转型工作落地。

第二节 数字融合的教学改变

在数字化的背景下,技术与教育的深度融合已经成为教育发展的新常态。这种数字融合的教学变革全面而深刻,它不仅丰富了教学内容与资源,还催生了教学方式的革新、教学环境的重塑以及教学管理与治理模式的转变。与此同时,这也伴随着一些挑战,需要我们采取有效措施,从而促进教育、技术融合的稳步前行与持续发展。

一、数字融合推进区域协同"双减"

《关于进一步减轻义务教育阶段学生作业负担和校外培训负担的意见》提出,要有效减轻义务教育阶段学生过重作业负担,减轻校外培训负担。要想更好地推进"双减"政策,不能仅靠学校减少作业量,还要全面提高课后服务质量、拓展服务渠道、做强做优免费线上学习服务。这需要学校充分利用"互联网+"环境的特点,利用数字技术融合学校、家庭、社会多方面的资源,扫除资源共享障碍,构筑区域协同的教育体系。这样才能更好地建立信息时代教育治理的新模式,做好"双减"工作,全面提升学生的自主学习水平。

(一)信息赋能,做好顶层设计

在信息化、数字化时代,学校要充分运用信息赋能,做好顶层设计,通过数字办公、泛在管理、信息整合的方法,全面推进教育信息化的管理模式。这样能助推区域教育的现代化建设,辅助展开"双减"工作。[1]

数字办公指的是充分利用学校信息系统、微信、微博等多种网络渠道,搭建学校和教师、教师和教师、教师和学生、学校和家长之间多元互动的信息网络。这样能让各方响应更为及时,优化沟通流程,减少沟通管理的成本。学校可以给家长推送和"双减"有关的文件,指导家长掌握亲子教育的正确方法,并快速反应,解决家长提出的各种问题。泛在管理指的是利用开设门户网站的

---

[1] 叶树文,曹建全,李微波. 以点带面 分层推进 加快区域教育信息化发展:成都市成华区中小学教育管理信息化特色建设实践[J]. 中国教育信息化,2015(23):54-56.

方式，拓展沟通渠道，进而实现教育信息的公开透明。家长和社会有关部门都可以随时了解学校的教学情况，监督学校是否做好了"双减"工作，了解学校是否存在作业布置不合理等情况。这样就能起到多方共同诊断的效果，能促进学校展开"双减"工作。信息整合指的是开通信息上传、沟通的平台，让家长和其他社会人士都可以上传数据、资料。这样有助于学校整合信息，构建符合本土特色的校本课程。

运用信息赋能的方法，能从顶层数据入手，构筑符合"双减"政策的办公、监督管理和信息整合系统。这样能构筑让学生成长、让教师提升专业水平、让家长改进家庭教育策略的有效沟通平台。

（二）微格管理，指导实践操作

微格管理指的是利用信息技术，将在线观摩教学课程、在线展开教学研讨、教师自主评价教学技能、资源采集和归纳等诸多功能融合在一起，进而指导教师提升教学实践水平。在微格管理中，全校各个年级、各个学科的教师可以全员参与，全面运用网络教学系统的各种功能，反思自己的教学水平，优化教学质量。

微格管理要采取"提升个人能力、开展校园沟通、进行全社会交流"的方法，从点到面，从微观到宏观，全面提升教师的操作水平。在个人层面，学校积极引进"明德云""学科网""问卷星"等优质的教育资源和教学技术，向教师推荐介绍"小乐秒阅"无感知课堂和智慧纸笔教学等智能教学技术，帮助教师提升个人能力。在校园沟通环节，学校利用互联网给教师推送刘远峰、辛婉华、梁艳梅等优秀信息化骨干教师的信息，组织教师进行教研互动，观看优质的教学视频，让他们分享教学经验，互助解决教学中遇到的各种难题。在全社会沟通的环节中，学校选送教师参加省、市、区的教育教学比赛，组织教师申报区级课题并顺利结题。这样能利用网络技术将学校优秀的教学经验推广到全社会，提供参考和可借鉴的经验。例如，学校以"互联网+"的形式，参加了中国教育电视台举办的《同上一堂课》音乐课活动，不仅拓宽了师生的视野，而且还有效促进了学校和全社会的教育联合互动。

"双减"政策提出要减少学生的学习负担，为了实现这一目标，教师需要全面提升课堂教学的水平，并提高课后作业的效果。这无疑对教师提出了更高的要求。采用微格管理，学校能够更有效地监督每一位教师的教学情况，并据此组织他们进行教学研讨工作。这样的做法有助于提升教师的专业水平，进而优化教学效果，自然能够满足"双减"政策的要求。

（三）在线课堂，塑造智慧型家长

区域教育信息化发展要促进教育公平、提高教育质量。为了让所有学生都能在课后开展趣味自主学习活动，让不同能力的家长都能提升家庭教育水平，尽可能地体现出教育公平，学校要利用互联网构建在线课堂，促进家长学习方式自主化，改善家庭教育的效果。

在线课堂要针对学生和家长的特点，安排不同的内容。针对学生，学校要组织各个年级、各个学科的教师，设计具有个性化、趣味性的校本课程，让学生在家可以用网络游戏的方式完成各种类型的作业，这样既能起到补习辅导与答疑的作用，又能帮助学生开展科普、文体、艺术等丰富多彩的活动。针对家长，学校积极开设"家长讲堂"，向家长介绍什么是"双减"政策，给他们推送各种亲子学习的方法，组织家长参加亲子类的学习活动。此外，家长可以利用网络系统了解孩子的学习情况，明确他们常常出现的错误是什么。这样，合理利用网络技术降低了家庭教育的难度，让更多家长提升了亲子沟通的水平。

"双减"政策强调，应开发丰富优质的线上教育教学资源，并组织优秀教师进行免费的在线互动交流与答疑，以引导学生充分利用这些优质的免费线上教育资源。因此，学校应充分利用信息技术，构建在线课堂，并向家长提出建议，指导他们如何更有效地与孩子沟通，从而培养智慧型家长。

（四）数据分析，组织科学评价

数据分析指的是利用信息技术对教育过程进行即时、动态、真实的教学监测和评价，这样有助于教师更好地展开学科评价。"双减"政策要求教师提升教学质量，减少无效作业，而数据分析正好能帮助教师评价每个学生的学习情况，给他们安排个性化作业，从而减少机械、无效作业。

在数据分析中，教师可以了解本班学生的学习情况，结合对错题集的分析，了解每个学生的思维弱点是什么，进而给他们布置更有针对性的题目。学校要指导教师提升数据分析的能力，提升他们对数字的敏感度，这样能更好地展开教育数字化转型，从根本上改革教学模式。此外，学校还可以联合其他的学校，打造学区大数据交流平台，增强学校之间的交流力度，了解不同学校的学生学习水平有什么差异。通过大数据交流平台上的数据分析，本校教师能看到自己和其他学校教师的差距，思考如何提升教学质量，从而形成学校联盟，优化跨区域的学术交流，提升教育效果。同时，利用数据分析，学生家长能看到自己孩子动态的成绩变化，进而分析孩子的成长轨迹。这有助于家长调整教育方法，找到适合孩子的家庭教育策略。

数据分析不仅能帮助教师了解学生的情况，做出教学调整，布置更有个性化的作业，而且能使学生深入了解自己的学情，使家长能了解孩子的情况。这样便能实现协同推进的教学效果。

在数字化时代，学校要积极探索如何将政府、学校、家庭、研究机构等各种主体融合在一起，形成区域功能模式。这样有助于全面利用互联网的优势，强化线上线下混合式教学，构筑稳定、统一、互联、互通的网络平台，辅助推进"双减"工作的开展。

二、数字融合改变特色课程教学路径

当下，数字融合正在逐步改变特色课程的教学路径，为学生的学习提供了更多元化、更个性化的选择。数字化技术赋能课堂教学是推动教育个性化的核心动力，它为打破传统流水线式的教育模式、实现因材施教提供了更为广阔的可能性与机遇。

（一）提高课程内容的丰富性和多样化水平

数字化技术在提高课程内容丰富性和多样化水平方面发挥着显著作用，它不仅革新了传统的教学方式，还为教育领域带来了全新的资源和工具。传统教学资源受限于其有限性和单一性，难以满足所有学生的学习需求。然而，基于数字化技术构建的数字化平台的应用有效地打破了这一瓶颈。通过提供丰富多样的学习资源，数字化平台不仅扩展了课程内容的深度和广度，还使得学习过程更加生动有趣，极大地激发了学生的学习兴趣和求知欲。通过数字化平台，江村中学成功地将数字化技术融入课程设计中，显著提升了教学效果并优化了学生的学习体验。

例如，虚拟实验室模拟真实实验环境，使学生不受物理实验室设备或时间的约束，随时进行实验操作和探究。这一功能不仅提升了实验教学的灵活性，还让学生在亲身体验中深化了对物理概念的理解，并通过互动式设计，鼓励学生在实验中发现问题、解决问题，进而培养他们的探究精神和解决问题的能力。

丰富的在线图书馆资源也是江村中学数字化平台的一大亮点，它汇集了电子书籍、学术论文和多媒体资料，覆盖了广泛的学科领域，满足了学生课内外的学习需求。通过在线图书馆，学生能够轻松拓宽知识面，培养自主学习的习惯和能力。

教育类互动游戏同样是江村中学数字化平台上不可或缺的学习资源，它们通过精巧的设计让学生在游戏过程中巩固知识点，锻炼思维能力和操作技能。这些游戏通常配备即时反馈功能，使学生能够即时了解学习成效，从而增强学习的积极性和自信心，激发学习兴趣和动力。

数字化技术的应用显著提升了课程内容的丰富性和多样化，为学生提供了广阔的学习资源和平台。江村中学的数字化平台通过提供虚拟实验室、在线图书馆和互动游戏等多样化的学习资源，不仅增加了课程内容的深度和广度，还使学习过程变得更加生动有趣。学生在这一平台上可以满足不同的学习需求，自由探索广阔的知识领域，不仅能在知识获取上受益匪浅，更能在自主学习、创新思维和实践能力方面取得显著进步。江村中学通过数字化平台的成功实践，展示了数字化技术在现代教育中的巨大潜力和广阔前景。

（二）促进课程设计的个性化

数字化技术极大地促进了课程设计的个性化，每个学生的兴趣、能力和学习方式各不相同，个性化的教学设计能够更好地满足他们的需求。通过大数据分析和智能算法，数字化平台可以对每个学生的学习情况进行精确的分析和评估，从而提供个性化的学习路径和资源推荐。

例如，江村中学利用数字化平台，通过收集和分析学生的学习数据，能够动态调整课程的难度和内容。对于学有余力的学生，平台会推荐更具挑战性的学习内容和课外拓展资源，以进一步激发他们的潜力。对于学习进度较慢或在某些方面有困难的学生，平台则会提供基础性的补充材料和更详细的解释，以帮助他们巩固基础知识。这种动态调整不仅能够确保每个学生都能在适合自己的难度水平上学习，还能有效地预防和解决学习过程中可能出现的知识断层和学习障碍。

此外，数字化平台能根据学生的兴趣和偏好推荐个性化的学习活动。例如，对于对科学实验感兴趣的学生，平台会推荐更多的虚拟实验和探究活动；对于喜欢阅读的学生，平台会推送与他们兴趣相关的电子书和文献资料。这种个性化的资源推荐不仅能够增强学生的学习兴趣，还能让他们在感兴趣的领域中深入探索，从而激发自主学习的热情和培养创新思维。

数字化技术还支持个性化评估方式。传统的考试测评方式往往是统一标准的，无法全面反映每个学生的实际能力和发展潜力。数字化平台通过多样化的评估工具，如在线测验、项目作业、互动问答等，能够从多个维度对学生进行评估。这些评估工具不仅能够反映学生的知识掌握情况，还能评估他们的思维能力、问题解决能力和创新能力。通过这些多样化的评估数据，教师可以更准确地了解每个学生的优点和不足，进而制定针对性的教学策略和改进方案。

在江村中学的实践中，数字化平台凭借其个性化的学习推荐和评估功能，有效促进了学生的自主学习和个性化发展。学生在学习过程中能够根据自己的兴趣和能力，自主选择适宜的学习路径和资源，进而提升学习效率与效果。同时，教师能够依托平台提供的数据分析和评估结果，把握学生的学习状况，及时调整教学策略，为每位学生量身定制个性化的指导方案，从而进一步推动其全面发展。

总之，数字化技术为课程的个性化提供了强有力的支持。通过大数据分析和智能算法，数字化平台能够精确分析学生的学习情况，动态调整课程内容和难度，推荐个性化的学习资源和活动。这种个性化的教学方式不仅满足了不同学生的学习需求，还能激发他们的自主学习能力和培养创新思维。江村中学的探索实践证明，数字化技术在个性化教育中具有巨大的潜力，能够有效地促进学生的全面发展和个性化成长。然而，我们也要看到，技术是达成目标的手段而非最终目的，要实现技术赋能课堂教学，必须避免陷入"技术至上"的误区，即要跨越由此产生的数字鸿沟并规避不当的数字应用陷阱。我们应积极追求以"育人为本"的核心理念为指导，推动技术与课堂教学的深度融合与创新融合，加快顶层规划与基层实践的有效对接，以促进传统教学向数字化教育模式的顺利转型。

第三节 新模式的学科应用案例

一、语文学科教学设计

心中有数，提升思维
——中考专题之语言综合运用教学设计[①]

（一）教学目标

第一，了解语言综合运用题型，做到心中有数。

第二，合作探究，明确常见题型的答题方法和规范。

---

① 案例来自广州市白云区江村中学教师辛婉华。

（二）教学过程

1. 了解语言综合运用常见题型（表3-1），做到心中有数

表3-1 语言综合运用常见题型归类

题型一：信息概括	概括材料	题型四：应用文体写作	邀请函
	概括新闻		标语
	概括特点		推介语
	概括结论		解说词
题型二	表达连贯、简明、得体	题型五	点评探究
题型三	图文转换	题型六	对联运用

（2023·贵州）学生会卫生部为帮助同学们预防近视，查阅资料后，梳理了近视的病理及部分原因，请整合其内容，补全下面的宣传单（图3-2）。注意表述简明、连贯、通顺。

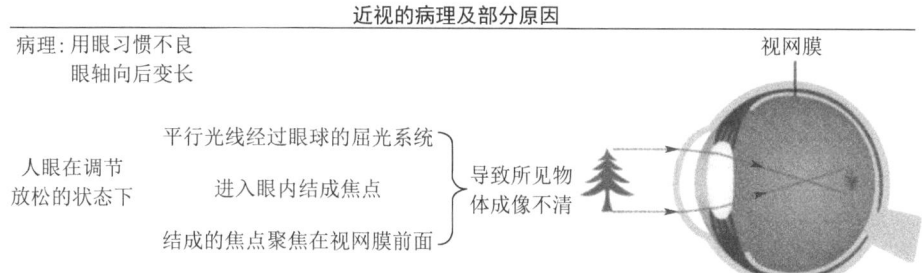

图3-2 近视的病理及部分原因、爱眼护眼宣传单

2. 合作探究，明确中考语言综合运用常见题型的答题方法和规范

请学生依据表3-1，结合前期复习的要点，归纳语言综合运用常见题型的答题方法和规范。

常见题型解决办法：

信息概括：找中心句或关键句，提取关键词，按照"谁干什么"组合成句。注意题目中"一句话概括""不超过20字"等提示语。

表达连贯、简明、得体：审清题意—围绕中心，选择符合情境的语言，注意说话的目的、对象、场合。

图文转换：图/画/表（源信息）—观察认读—描述画面/分析理解—归纳概括，得出结论。

应用文体写作：注意不同文体要求，称呼、落款得体正确，多用敬语，语句精短。

点评探究：读懂材料—读懂要求—明确答案要素—准确作答。

对联运用：字数相等、词性相对、内容相关。

3. 实战演练

请学生到讲台板书不同题型的答案，由全班一起讨论补充得分的方法和要点。

（1）信息概括＋表述连贯、简明、得体。

【例1】请结合以下语境，按照括号中的提示补全对话。（8分）

"感动中国2022年度人物颁奖盛典"正在播放，小文在看电视，爷爷在练书法。

节目内容：在中央电视台"感动中国2022年度人物颁奖盛典"上，荣获集体奖的是"银发知播"群体。这是一个平均年龄77岁的短视频博主群体，由老院士、老教授、中小学老教师组成。他们利用短视频，将拼音、电工、天文、物理、文学等知识与技能传授给大众。他们阅历丰富，讲解通俗易懂，吸引了不少年轻人的关注。

对话内容：

小文：爷爷快看，"银发知播"获奖了！

爷爷：什么是"银发知播"啊？

小文：①_____。（简单介绍"银发知播"）（4分）

爷爷：他们可真了不起！爷爷很爱书法，也能做"知播"吗？

小文：当然可以呀。②_____。（多角度鼓励爷爷做"知播"）（4分）

【答题思路】①审清题意—筛选信息—提取关键词，整合；②审清题意—具体分析—结合语境多角度作答。

(2) 信息概括+点评探究。

【例2】语文活动课上,"新闻小主播"为同学们播报了一则新闻。请你根据相关内容,完成以下综合性学习任务。(8分)

据央视网报道,2021年5月15日7时18分,天问一号探测器成功着陆于火星乌托邦平原南部预选着陆区,我国首次火星探测任务着陆火星取得成功。

我国首次火星探测任务于2016年立项,计划通过一次发射任务实现火星环绕、着陆和巡视探测。天问一号探测器于2020年7月23日在海南文昌由长征五号运载火箭成功发射,2021年2月10日成功实施火星捕获,成为我国第一颗人造火星卫星,2月24日探测器进入火星停泊轨道开展环绕探测,搭载的高分辨率相机、矿物光谱仪等科学载荷陆续开机,获取科学数据,这为顺利着陆火星奠定了基础。

①任务一:请用一句话概括这则新闻的主要内容。(2分)

【答题思路】找中心句/关键句—提取关键词(主语+事件)。

②任务二:请你从新闻中筛选信息,把火星探测时间轴(图3-3)补充完整(每空不超过15个字)。(2分)

【答题思路】读懂材料—筛选信息—概括信息。

①火星探测任务立项　②____　③探测器实施火星捕获　④____　⑤探测器着陆火星成功

2016年　　2020年7月23日　2021年2月10日　2021年2月24日　2021年5月15日

图3-3　火星探测时间轴

③任务三:中国太空家族命名内藏玄机,例如火星探测器的名字"天问"取自伟大诗人屈原的作品《天问》,该作品表达了中华民族对自然和宇宙的追问和探索,这也是火星探测任务的意义所在。根据你对传统文化的了解,在以下三个命名中选择其中两个,说说它们的妙处。(4分)

A. 月球探测器"嫦娥"　　　　　B. 暗物质粒子探测卫星"悟空"
C. 中继通信卫星"鹊桥"

【答题思路】读懂材料—读懂要求—明确答案要素—准确作答。

(3) 图文转换+点评探究。

【例3】学校为弘扬传统文化举办了一次书画展,其中有一幅丰子恺的画(图3-4)特别引人注目。请欣赏这幅画,并按要求作答。(5分)

图 3-4　丰子恺画作

①请描述画面主要内容。（3 分）

【答题思路】观察—准确有序描述画面内容。

②请说说你对这幅画主题的理解。（2 分）

【答题思路】概述画面内容—概括寓意。

4. 师生总结

由学生当堂写下自己解答语言综合运用题型的方法，并分享。

师生共同总结：认真审题、仔细分析材料—完善答题思路—提升思维：理解能力（题目）+分析能力（材料）。

5. 课后作业

略。

"点评探究"类题型答题思路如表 3-2。

表 3-2　"点评探究"类题型答题思路

点评探究	主要是对新闻、消息、材料以及网络、生活中某些热门现象进行点评分析或阐述探究结果（点评观点，探究结果）

续表

一、读懂材料	准确理解原文内容，把握点评的中心，明确应当肯定什么，否定什么，是否有格式提示，文本有哪些可用材料
二、读懂要求	题目要求、分值等
三、明确答案要素	如：表明观点 + 阐述理由（探究结果 + 阐述理由）
四、准确作答	1. 选好角度，提炼观点进行点评。 2. 表述简洁明确。 3. 充分调动自己的知识储备（平时多关注热点问题）

二、数学学科教学设计

"数形结合专题复习——函数专题"教学设计[①]

（一）学情分析

在第一轮数学中考复习后，学生已经掌握一次函数、二次函数与反比例函数的图象与性质，并掌握解决一些函数相关问题的方法技巧。但是，学生容易混淆三大函数的图象与性质，还不能熟练运用数形结合思想解决综合题以及提高解题效率，对于需要运用数形结合和分类讨论两种思想解题的综合题，学生还不能很好地掌握解题技巧。

（二）教学目标

第一，画出一次函数、反比例函数和二次函数的大致图象，总结归纳三大函数的图象与性质，并会区分三大函数的图象与性质；
第二，会画出函数图象或根据函数图象解决函数综合问题；
第三，能综合运用数形结合、分类讨论思想解决相关函数问题；
第四，提高几何直观能力和动手能力，增强合作意识。

（三）教学重难点

重点：画出函数图象并根据函数图象解决函数综合问题。
难点：综合运用数形结合、分类讨论思想解决相关函数问题。

---

① 案例来自广州市白云区江村中学教师梁艳梅。

（四）教学过程

环节	内容	师生行为	设计意图
知识回顾	1. 函数 $y=x-1$ 的图象不经过（　　）。 　A. 第二象限　　　　B. 第一象限 　C. 第四象限　　　　D. 第三象限 2. （2022广东）点 $(1,y_1)$，$(2,y_2)$，$(3,y_3)$，$(4,y_4)$ 在反比例函数 $y=\dfrac{4}{x}$ 图象上，则 y_1、y_2、y_3、y_4 中最小的是（　　）。 　A. y_1　　B. y_2　　C. y_3　　D. y_4 3. （2022新疆）已知抛物线 $y=(x-2)^2+1$，下列结论错误的是（　　）。 　A. 抛物线开口向上 　B. 抛物线的对称轴为直线 $x=2$ 　C. 抛物线的顶点坐标为 $(2,1)$ 　D. 当 $x<2$ 时，y 随 x 的增大而增大	学生完成答题后，用信息卡完成反馈，教师引导学生针对每道题归纳三大函数的图象与性质	以题带出知识点，帮助学生梳理三大函数的图象与性质，同时引导学生学会运用数形结合思想提高解题效率，学会从特殊到一般的知识归纳方法
综合运用	1. 你知道正比例函数 $y=2x$ 的图象与反比例函数 $y=\dfrac{8}{x}$ 图象的交点个数吗？ 2. 若直线 $y=2x$ 与双曲线 $y=\dfrac{8}{x}$ 相交于点 A、B 两点，已知 A 的坐标为 $(2,4)$，你知道点 B 的坐标吗？ 3. 若直线 $y=2x$ 沿着 y 轴向上平移 m（$m>0$）个单位后与双曲线 $y=\dfrac{8}{x}$ 相交于点 A、B 两点，已知 A 的坐标为 $(1,8)$，你知道点 B 的坐标吗？ 4. 如图3-5，已知直线 $y_1=2x+6$ 与双曲线 $y_2=\dfrac{8}{x}$ 相交于点 $A(1,8)$、$B(-4,-2)$ 两点，当 $y_1>y_2$ 时，x 的取值范围是（ 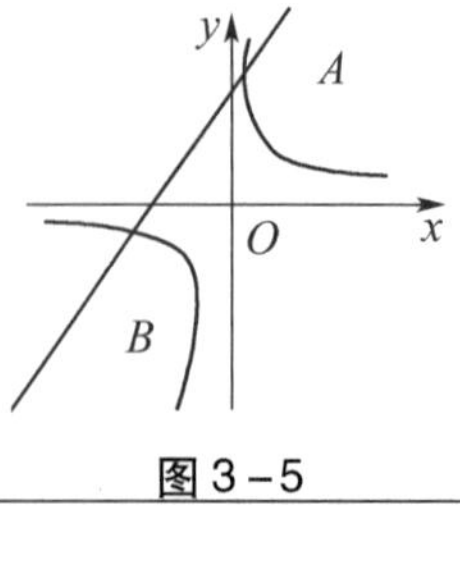　　）。 图3-5	每当学生完成一个问题，教师就讲解一个问题。教师利用希沃白板的拍照功能把学生的多种做法呈现给学生，让学生比较哪种方法更简便。最后教师展示解答过程	通过正比例函数和反比例函数的综合运用，显示出数形结合思想在解题过程中的重要性，同时题目的变式训练能打破学生解题的惯性思维。在学习过程中学生要学会认真分析函数图象，选择正确的解题方法

续表

环节	内容	师生行为	设计意图
巩固练习	1. 如图3-6，一次函数 $y = k_1x + b_1$ 的图象与 $y = k_2x + b_2$ 的图象相交于点 P，则方程组 $\begin{cases} y = k_1x + b_1 \\ y = k_2x + b_2 \end{cases}$ 的解是_____。 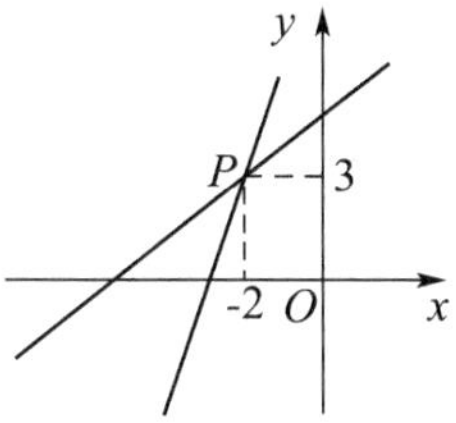 图3-6 2.（2017 黔南州）一次函数 $y = kx + b$ 的图象如图3-7所示，则不等式 $kx + b < 0$ 的解集为_____。 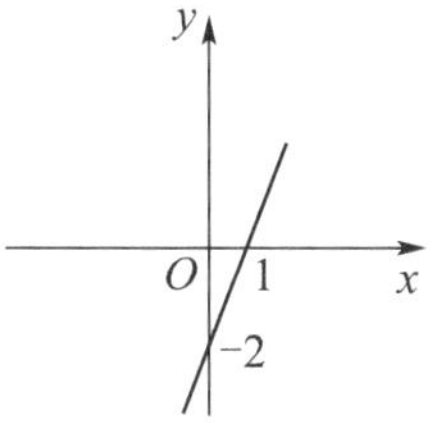 图3-7 3.（2014 黔南州）如图3-8，正比例函数 $y_1 = k_1x$ 与反比例函数 $y_2 = \dfrac{k_2}{x}$ 的图象交于 A、B 两点，根据图象可直接写出当 $y_1 > y_2$ 时，x 的取值范围是_____。 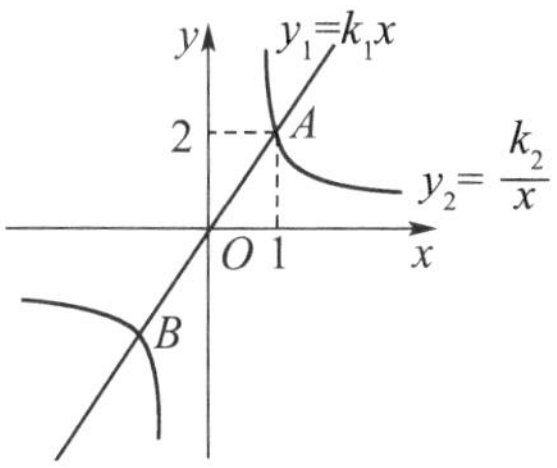 图3-8	学生完成答题后，教师针对学生答案提问，引导学生说出解题方法	巩固练习综合了一次函数与方程组的关系、一次函数与不等式的关系、一次函数与反比例函数综合运用的知识点。这三题均可通过图象求出答案，能帮助学生理解函数图象特征，进一步巩固相关知识和答题技巧

续表

环节	内容	师生行为	设计意图
典例分析	例题：已知点 $A(x_1, y_1)$、$B(x_2, y_2)$ 在反比例函数 $y = \dfrac{8}{x}$ 的图象上，若 $x_1 < x_2$，试比较 y_1 与 y_2 的大小。 思考：1. 若 $A(x_1, y_1)$、$B(x_2, y_2)$ 在一次函数 $y = 2x + 6$ 的图象上，当 $x_1 < x_2$ 时，试比较 y_1 与 y_2 的大小。 2. 若 $A(x_1, y_1)$、$B(x_2, y_2)$ 在二次函数 $y = (x-2)^2 + 1$ 的图象上，当 $x_1 < x_2$ 时，试比较 y_1 与 y_2 的大小。	教师引导学生小组合作展示答案，教师给出标准解题过程。教师引导学生回答两道思考题	本题锻炼学生综合运用数形结合和分类讨论两种思想解题的能力，提高学生解题技巧，培养学生团队合作精神
拓展提升	已知二次函数的解析式为 $y = ax^2 - 2ax + 2$（$a \neq 0$）。 （1）当 y 随 x 的增大而增大时，写出 x 的取值范围； （2）你知道有哪些点一定在函数图象上？	学生完成答题后教师评讲	帮助学生掌握综合运用数形结合、分类讨论两大思想解题的方法
课堂小结	这节课你收获了什么？	教师引导学生回答	帮助学生梳理本节课的重点内容
自我测验	1.（2013 广东）已知 $k_1 < 0 < k_2$，则函数 $y = k_1 x - 1$ 和 $y = \dfrac{k_2}{x}$ 的图象大致是（　　）。 A　B　C　D 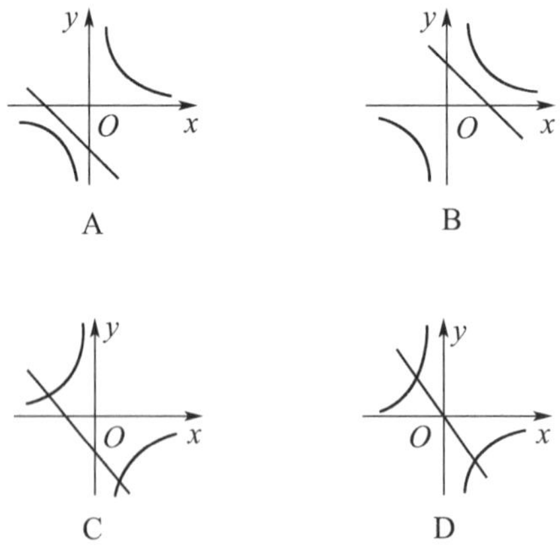 图 3-9	学生独立完成测验后课代表收齐交由教师批改辅导	帮助学生进一步巩固所学知识和解题方法

续表

环节	内容	师生行为	设计意图
自我测验	2.（2023 遂宁）如图 3-10，一次函数 $y = k_1x + b$ 的图象与反比例函数 $y = \dfrac{k_2}{x}$ 的图象交于 $A(-4, 1)$，$B(m, 4)$ 两点，k_1，k_2，b 为常数。 （1）求一次函数和反比例函数的解析式； （2）根据图象直接写出不等式 $k_1x + b > \dfrac{k_2}{x}$ 的解集； （3）P 为 y 轴上一点，若 $\triangle PAB$ 的面积为 3，求点 P 的坐标。 图 3-10 3.（1）二次函数 $y = ax^2 + bx + 1$ 的图象必经过点_____。 （2）若 $a - b + c = 0$，且 $a \neq 0$，则二次函数 $y = ax^2 + bx + c$ 必经过点_____。	学生独立完成测验后课代表收齐交由教师批改辅导	帮助学生进一步巩固所学知识和解题方法

三、英语学科教学设计

"Unit 8 Reading: The gifts" 教学设计[①]

（一）教学目标

第一，能了解故事的基本要素，初步了解小说的情节。

第二，能运用略读和推断的阅读策略了解小说背景，预测小说的情节发展。

第三，能通过阅读，分析人物心理变化。

第四，能了解"意外的结局"的文学创作手法，欣赏小说的艺术特色，体会小说"为爱之人牺牲"的主旨。

---

① 案例来自广州市白云区江村中学教师王宝云。

（二）教学重难点

重点：第一，初步了解故事的情节；第二，分析小说中人物的心理变化。

难点：第一，理解故事结尾的作用；第二，运用略读策略，根据故事情节发展给小说分段，掌握小说的基本要素。

（三）教学过程

Before-reading	**Step 1** Lead-in. Ask some questions about "gift". Then play a guessing game. Q: 1. When do you usually give gifts to others? 2. What kind of gifts will you give to others? **Step 2** Introduce some background information of the story. Talk about the writer and watch a short video of the story.

While-reading	**Step 1** Divide the story into three parts.
	Part 1: Para. _____ → The background information of the story.
	Part 2: Para. _____ → Della sold her hair and bought her husband a watch chain.
	Part 3: Para. _____ → Jim sold his watch and bought a set of combs for Della.
	Step 2 Read the first part of the story and choose the correct answers.
	（1）When did the story take place?
	  A. On Christmas day. B. During the Spring Festival.
	  C. On Christmas Eve. D. On Jim's birthday.
	（2）Della sat down and cried because _____.
	  A. she couldn't get a present on Christmas
	  B. her possession would be sold
	  C. she could not afford a present
	  D. she wasn't pleased with her present
	（3）What were the two possessions which Della and Jim were proud of?
	  A. Della's comb and Jim's watch chain.
	  B. Della's watch chain and Jim's comb.
	  C. Della's gold watch and Jim's hair.
	  D. Della's hair and Jim's gold watch.
	Step 3 Read the second part of the story and answer the questions.
	（1）Where did Della stop?
	_____
	（2）How did Della get the money?
	_____

While-reading	(3) How much was the watch chain? _____ (4) When was the coffee made? _____ (5) Jim was never late, was he? _____ (6) How did Jim feel when he saw Della, excited or disappointed? _____ **Step 4** Read the end of the story and fill in the blanks. Della: I _____ all over the town to find it. Give me your _____. I want to see how it _____ on it. Jim: Della, I _____ the watch to get the money to buy your _____.
After-reading	**Step 1** Talk about the main point that the story wants to tell us. Q: What can you learn from the story? **Step 2** Analyze the feelings of Della. How did her feelings change? anxious eager excited hopeful nervous upset worried | When Della...	she felt... | |---|---| | counted the money | | | went out | | | saw the hair goods store | | | searched through the stores | | | found the watch chain | | | waited for her husband at home | | | saw her husband's expression | | **Step 3** Make a conclusion of the story and prepare for a role play. The following pictures (图 3 - 11) and dialogues may help you:

续表

After-reading	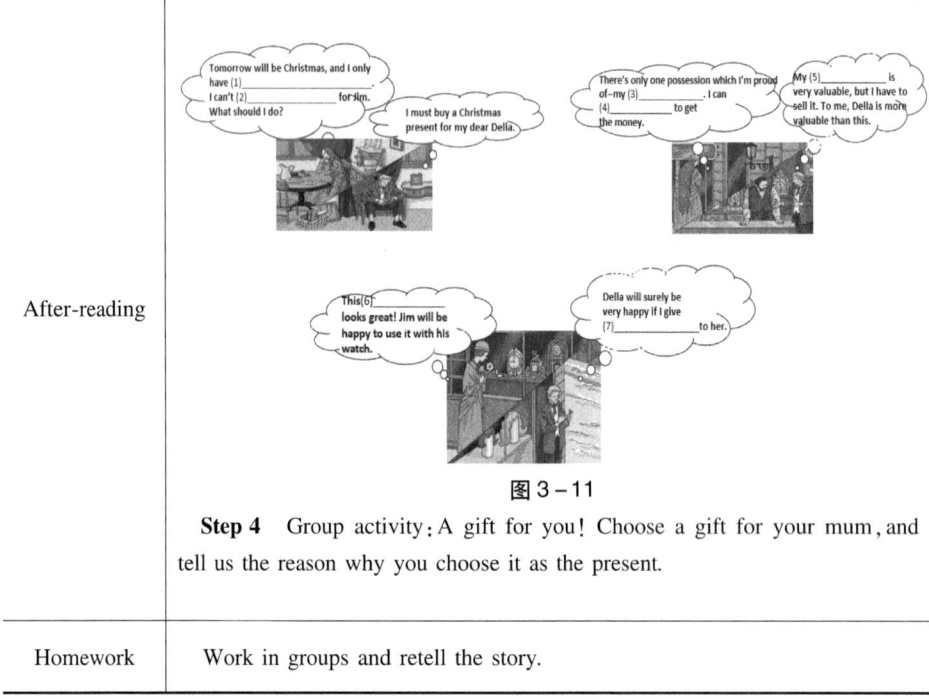

图 3-11

Step 4 Group activity: A gift for you! Choose a gift for your mum, and tell us the reason why you choose it as the present. |
| Homework | Work in groups and retell the story. |

四、物理学科教学设计

"阿基米德原理"教学设计①

（一）教学要求

第一，内容要求：通过"探究浮力的大小跟排开液体所受重力的关系"的实验过程，做到会操作、会记录、会分析、会论证。

第二，学业质量要求：知道阿基米德原理并能应用公式计算简单的浮力问题。

第三，核心素养要求：采用分组合作、实验操作等方式，提高学生的参与度和实践能力，为学生今后的物理学习和生活实践奠定坚实的基础。

（二）教材分析

阿基米德原理是初中物理的一个重要定律，是重要的教学内容。在之前的课时学习中，"探究浮力的大小跟哪些因素有关"的实验已使学生明确了物体

---

① 案例来自广州市白云区江村中学教师黄柳容。

在液体中所受浮力的大小跟它浸在液体中的体积有关、跟液体的密度有关。本节课是对上节课探究结果的进一步完善和深化，是本章教学内容的核心。

（三）学情分析

1. 知识储备

基础知识：学生了解力的基本知识尤其是关于浮力的基本概念，这为理解阿基米德原理奠定了基础。

目标知识：学生需要掌握阿基米德原理的内容，学会使用相关的物理公式，并能应用公式进行简单的计算。

2. 学习兴趣

学生对实验和动手操作通常具有较高的兴趣，这有利于通过实验方法引出阿基米德原理的课程设计。探究性学习能够激发学生的学习兴趣，对阿基米德故事的介绍和实验体验可以增加学生对知识的亲近感。

3. 实验能力

在进入本节课前，学生已经具备使用弹簧秤测量浮力的实验技能。学生需要进一步学会设计和执行实验，提升记录实验数据并分析得出科学结论的能力。

4. 科学探究能力

通过实验设计、执行和数据分析，学生能够锻炼其科学探究的能力。小组合作和讨论有助于提升学生的交流与协作意识，培养他们的团队精神和合作能力。

（四）教学重难点

重点：通过"探究浮力的大小跟排开液体所受重力的关系"实验，得出阿基米德原理。

难点：能利用阿基米德原理及其推导式解决简单的浮力问题。

（五）教学资源

视频、四合一"ABCD"卡、阿基米德原理实验器材一套。

（六）教学过程

教学环节	教师活动	学生活动	设计意图
新课导入	指导学生做演示实验	演示课本实验	引出 $V_{排}=V_{浸}$，$F_{浮}$ 与 $G_{排}$ 有关
新课教学	指导学生进行分组实验	分组实验	探究 $F_{浮}$ 与 $G_{排}$ 的关系

教学环节	教师活动	学生活动	设计意图
分析总结实验结论	引导学生从实验数据分析总结实验结论	分析总结实验结论	总结出阿基米德原理 $F_浮 = G_排$
用阿基米德原理解决简单问题	将公式展开 $F_浮 = G_排 = m_排 g = \rho_液 g V_排$	做课堂上练习1—4	应用公式解决简单问题

（七）课后作业

（1）把两个体积相同的实心铁球和铝球浸没在水中，它们受到的浮力大小情况是（　　）。

  A. 相等   B. 铝球的比铁球大

  C. 铝球的比铁球小   D. 浮力都等于重力

（2）将质量为0.5kg的物体，轻轻放入盛满清水的溢水杯中，溢出重力为0.2N的水，则此物体受到的浮力是（$g = 10$ N/kg）（　　）。

  A. 5N   B. 0.5N   C. 2N   D. 0.2N

（3）小凯进行验证阿基米德原理的实验，正确操作过程如图3-12所示，图中 F_1、F_2、F_3、F_4 分别表示对应的弹簧测力计的指示数。下列说法正确的是（　　）。

  A. 如果实验中物体没有完全浸没在水中，则不能验证"阿基米德原理"

  B. $F_2 < F_1$，表明物体受到的重力减小了

  C. 物体排开的液体受到的重力 $G_排 = F_1 - F_2$

  D. 若 $F_1 - F_2 = F_4 - F_3$，则说明本次实验结果符合阿基米德原理

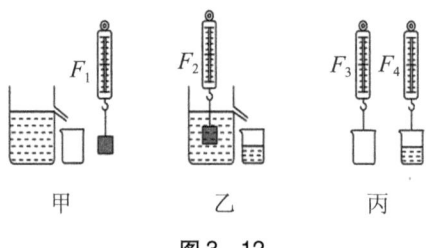

图3-12

（4）一个体积为160 cm³ 的木块漂浮在水面上，露出水面的体积为其总体积的 $\frac{1}{4}$，求木块受到的浮力（$\rho_水 = 1.0 \times 10^3$ kg/m³，g 取 10 N/kg）。

(5) 如图 3-13 所示,一个小球静止在水中,它所受浮力的方向是_____;如果剪断绳子后,小球漂浮在水面上,它所受浮力的大小与原来相比将_____。

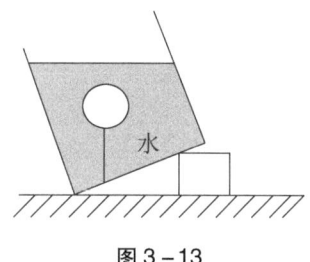

图 3-13

五、化学学科教学设计

"低碳行动"教学设计①

(一)教学目标

知识与技能目标:知道什么是温室效应、低碳生活;结合日常生活所学,践行低碳生活,了解减少二氧化碳排放的方法;复习巩固碳及其化合物的性质,掌握碳及其化合物之间的转化关系。

过程与方法目标:通过分组对比实验探究石灰水与氢氧化钠溶液吸收二氧化碳的效果。

情感态度与价值观目标:锻炼学生实验操作能力,帮助学生树立节能减排的低碳意识。

(二)教学重难点

重点:碳及其化合物之间的转化关系。

难点:通过实验探究石灰水与氢氧化钠溶液对二氧化碳的吸收能力的强弱。

(三)教材分析

本课题主要介绍大自然碳循环、温室效应及低碳行动的相关内容。在介绍碳循环时回顾所学的碳及其氧化物的性质相关知识,同时联系学生已有的知识分析碳及其化合物之间的转化关系。

通过实验探究比较石灰水与氢氧化钠溶液吸收二氧化碳的效果,通过对比

---

① 案例来自广州市白云区江村中学教师谭艳莉。

实验获取新知，培养学生正确的实验意识和实验操作能力，其中转化关系与实验探究是本课题的难点。此外，通过介绍应对温室效应以及低碳行动的思路和策略，使学生自觉树立环保意识，懂得保护自然生态平衡、人与自然和谐相处的重要性。

（四）学情分析

本课题主要通过对前面所学知识进行融会贯通，得出碳及其化合物之间的转化关系，以及应对温室效应所能采取的策略。尽管大多数学生对本课题的基础知识较为熟悉，但他们往往欠缺综合运用的能力，很少有人深入思考其中的内在关系。同时，考虑到学生接触化学实验的时间不长，且尚未能对已学知识形成完整的知识网络，因此，本节课必须解决的难题在于：如何加强学生的实验动手能力，并帮助他们架构起一个完整的知识网络。

（五）教学过程

教学环节	教师活动	学生活动	设计意图
课堂导入	观看视频，展示碳达峰、碳中和，提出问题	阅读、思考	引发学生思考，提高学生环保意识
活动一：理清二氧化碳的来龙去脉	观察碳循环主要路径图，完成以下任务： 任务1：二氧化碳的来源有哪些？消耗二氧化碳的途径有哪些？ 任务2：写出你所知道能生成二氧化碳反应的化学方程式以及二氧化碳参与反应的化学方程式。 任务3：以二氧化碳为中心，画出由含碳物质生成二氧化碳的转化关系图。 任务4：以二氧化碳为中心，画出含碳物质与二氧化碳的相互转化关系图。 任务5：探寻吸收方案 根据所学找出可以吸收二氧化碳反应的化学方程式 提出问题： 作出假设：	（1）观察碳循环图，回答问题。 （2）回顾已学知识回答问题。 （3）对已学知识进行知识网络架构。 （4）联系所学回答问题，自主思考，作出合理假设	（1）培养学生的阅读加工能力，巩固已学知识。 （2）巩固学生所学，帮助学生构建良好的知识网络。 （3）培养学生的自主思考能力，强化学生化学实验意识

续表

教学环节	教师活动	学生活动	设计意图
活动二：探究、比较石灰水、氢氧化钠溶液吸收二氧化碳的效果	设计实验：学生分组进行对比实验，比较石灰水、氢氧化钠溶液吸收 CO_2 的效果 实验1　　实验2 实验3 收集证据： 得出结论：	在教师指导下分组进行对比实验，得出结论	培养学生的合作能力及实验操作能力
活动三：低碳行动的思路和策略	引导学生理清低碳行动的思路：减少 CO_2 产生与增加对大气中 CO_2 的吸收。 根据思路分析所能采取的策略	思考并回答问题	让学生对已学知识进行巩固并应用于日常生活
课堂小结	本节课你有哪些收获	对本节内容进行小结	让学生对知识体系进行小结，进一步加深理解

第四章

重塑教师数字化素养

第一节 数字化教学统筹管理

教学管理是学校为确保教学活动有序、高效进行并达成既定教育目标,而对教学活动进行计划、组织、指挥、协调、控制和监督的综合性过程。在教学统筹管理方面,数字化技术提供了信息整合与共享、决策支持及流程优化等多方面的便利与潜力。教育数字化转型的核心在于教师的转变,具体包括更新教育观念、提升信息技术素养以及精通数字技术的应用,这已成为教师专业成长的首要任务。为了加速这一转型,在教学统筹管理领域融合利用数字化技术,从而构建一个开放、共享且充满创新活力的数字化教研环境显得尤为重要。为此,江村中学积极探索数字化应用的新路径,采用了一体化教学与教研应用模式,旨在深度融合教学与研究,从而进一步提升教师的教学能力和研究水平。

一、一体化教学教研应用的建设思路

江村中学结合学校实际教学情况及教育信息化发展趋势,在"互联网+"的大环境下开展教育信息化2.0时代的信息技术与教育教学的融合,主要围绕以下三点构建一体化教学教研应用。

(一)打造教研数字化管理应用,提升信息技术融合创新能力

依据《中小学校长信息化领导力标准(试行)》的相关标准,学校构建基于数据分析的教研管理应用。这一应用主要以校本资源库为核心,通过线上线下相结合的创新模式驱动教学流程,旨在提升管理团队领导全校教师应用信息技术开展教学创新的能力。通过这一应用,学校能够推进数字化管理,并深入分析教学过程数据,从教育、教学、教研、管理、评价等多个方面综合评估学校信息化教学的应用情况。这一举措有助于及时了解教师的教学教研进度,从而科学调整教学管理策略,进一步优化教学效果。

(二)聚焦信息化教师研训,提升教师信息技术应用水平

学校致力于推动教师充分利用信息技术,通过教研应用系统,常态化地开

展线上线下相融合的集体备课与听课评课活动。为此，学校采用线上线下混合式课例研磨和专家指导评价等方式，深入提炼应用成果，并形成优质案例资源，以此示范引领全校教师进行校本研修。同时，学校创新应用"互联网+"的教研组织形式，以提高学科教师应用信息化教学的能力，并激发教师内在动力，促使其主动提升信息技术应用能力。这一系列举措有助于提高教育教学质量，推动学校教育教学工作的持续发展。

（三）打造符合校本学情的资源库，校本资源共建共享

学校整合校内优质资源，满足教师日常使用教学资源的需求，实现学校校本资源的全面数字化，打造符合校本学情的资源库；依托教研管理平台的在线教研工具和安全便捷的云存储功能，形成教师从个人备课、集体备课到上传校本的闭环模式；教研组通过集体教研、实践反馈不断升级资源，逐步完善校本资源库的建设，促进资源共建共享。通过一站式的管理保障校内资源建设的安全与规范化，进一步推进学校信息技术与教育教学的深度融合。

二、一体化教学教研应用的具体策略

（一）搭建教研工作台

教研工作台聚焦教研主任工作场景，提供过程性监控，聚合高频操作入口，以此提升管理效率。同时，工作台能够汇集教师在课前、课中到课后专业能力提升的多维数据，这些数据能有力地支持教研主任更好地进行学期教研工作的检查，进而提升教研工作检查的效率。此外，工作台还具备每周自动统计学校教研数据的功能，帮助教研主任及时了解教学教研任务的开展情况，并能够及时推送相关信息。

（二）使用交互设备授课

使用希沃白板交互式备授课系统，打造覆盖课前、课中、课后、课外等各个教学场景的教学应用。备课端追求易用、高效，授课端强调互动、有趣。还可以搭配希沃周边产品，提升学生学习兴趣，帮助教师实时掌握进度，提升授课效率。

1. 便捷备课

教师直接通过交互式备授课系统进行便捷备课。系统提供大量背景模板供教师进行选择；并支持将原有 PPT 文件进行导入，帮助教师实现纯展示文稿向 PPT 文稿的快速转变。

2. 互动授课

在交互式智能平板上，交互式备授课软件可进行书写、拖拽、擦除等动

作，实现课件各模块的"元素级"交互，使教师的课堂教学充满互动性，学生的学习兴趣得到激发，教师的课堂内容讲解得到充分呈现，从而快速提升课堂教学效果。

3. 课件云存储

教师备课完成后直接将课件存储在云端，无需将课件拷贝在 U 盘内，有效解决 U 盘容易丢失、中病毒等问题。到达教室后，教师直接进行同步下载即可使用课件。

4. 学科工具池

交互式备授课系统通过智能推送专用学科工具，满足教师的备授课需求。系统允许教师自定义授课界面，以灵活适应不同学科的教学需求。系统提供的学科工具涵盖了汉字、拼音、古诗词、英汉字典、四线三格（用于书写练习）、化学方程、几何以及公式等（图 4-1），广泛支持各学科教师的教学需求，助力他们实现教学效果的提升。

图 4-1　希沃 EN5 学科工具

5. 在线资源池

在备课过程中，教师可以直接从教学资源库中调用资源。资源包括视频、题库、数学画板等各种类型，满足全学科、全学段、全教材的常态化及个性化需求。

6. 课堂活动池

教师交互式备授课系统提供各类课堂活动模板，帮助教师轻松创建互动课堂。教师学生共同参与，教师用游戏化教学提升学生融入度，增强学生学习欲望。

7. 课件打印及分享

教师可将交互式备授课系统的课件进行便捷分享及打印。授课完成后，教师直接通过二维码或链接的方式，即可实现课件的快速分享，满足学生的课后学习及教师的公开课课件分享需求。

（三）协作教研数字化

集体教研是教学过程中的重要环节，是促进教师相互合作和发展的有效形式。教师需要合作探索，形成浓厚的交流、探究的学术氛围，才能发挥集体智慧的优势，并有效结合个人特长，提高教学质量。

集体备课功能支持远程协同备课和线上线下混合式教研。教师通过平台，可以快速组建备课组，一键发布备课通知，从而轻松开展跨时空的集体备课。即使身处异地的教师，也能借助音视频技术实现"面对面"的实时交流。此外，平台具备对集体备课过程进行伴随式数据采集与分析的能力，确保研讨过程的全面记录，便于后续的回溯与反思。

1. 评论批注

在线集体备课支持对上传的稿件进行评论发言，对优秀的评论进行点赞回复等功能，同时支持对上传的教案/课件进行打点批注，方便教师快速定位研讨内容，找到需要重点关注的部分，使备课研讨的过程更加高效、便捷。

2. 跨校协同

平台不仅支持校内教师之间的跨学科、跨年级的协同备课，还支持校际教研合作和远程协同，打破传统的地域限制和学科壁垒，促进不同学校教师之间的交流和合作，实现资源共享和优势互补。

3. 音视频交流

利用音视频技术，可以让集体备课在跨校场景下轻松实现"面对面"交流。通过平台支持的多人视频通话、桌面共享功能，实现更高效的多现场教研。

4. AI集备妙记

利用 AI 集备妙记高效总结集体备课及研讨的内容，对应生成研讨智能摘要、章节总览和问答回顾，完成对关键词和研讨内容的智能提炼，对研讨数据静默采集，自动生成数据报告。

5. 混合教研模式

通过软硬件的结合，实现了线上与线下教研的有机融合。在这种模式下，教师们可以利用课室一体机和电脑，在线上完成活动签到、资源共享以及教研过程的记录等，并结合线下的即时交流研讨，提高集体备课效率。

6. 集体备课领导视窗

通过集体备课领导视窗，校长及管理者能够实时掌握各个备课组的备课情况，可以对备课内容进行评价指导。集体备课教研活动的全过程数据，包括活动数、评论研讨数以及研讨点赞数，均可实现自动汇总。管理者通过多维度的数据统计，能够快速了解集体备课的实际情况，从而及时完善备课方式方法，进而提升备课效率及教学质量。

（四）听评课数字化

改变传统的听评课模式，实现教师基于网络的听评课模式。在听评课过程中，听课教师可与授课教师进行实时互动，对授课教师的课程进行评价，提出建议和改进意见。平台会对教师的听评课记录进行全程自动采集与汇总，并提供多维度的数据分析。这些分析旨在帮助教师提升教学质量，促进教师之间的交流与合作，进而指导并推动教师的专业发展。

1. 电子化听评课

在日常的教学活动中，管理者可以根据学校及学科的具体情况设定听评课表模板。教师则可以通过手机快速完成听评课记录，利用点评、记录及拍照等方式完整保留课堂细节。这些听评课记录会被平台全程自动收集并汇总，进而提供多维度的数据分析，使管理者和教师能够清晰地看见每一位教师在专业成长道路上的足迹。

2. 课例评课

利用课例评课功能，观众可以针对提前录制好的教学片段和课堂实录，进行切片式的分析和评价。观众用手机或电脑都可以观看课例视频，并随时针对视频标记节点，进行亮点评价或者优化建议。同时，平台支持观众针对教学各个环节进行对应评价，实现精准教研。

3. 远程直播听评课

通过远程直播听评课功能，授课教师只需要使用手机等简易设备就可以将课堂教学的现场进行直播，听课教师也可查看课堂直播。教师也可通过查看教学回放以及听评课互动情况的分析数据，更有针对性地开展教学反思，从而优化课堂教学质量。

4. AI课堂数据统计分析

系统能够自动生成听评课报告，多维展示听评课结果，智能分析授课内容，生成高频词云，提炼师生互动内容生成课堂问答，帮助教师快速掌握课堂的重点与方向。

（五）校本研修数字化

依托校本研修平台，学校能够自主发起线上校本研修活动，并实现对校本研修的过程性记录和数字化管理。教师在电脑端或手机端即可轻松参与活动，畅享更灵活的学习体验。

1. 精选研修课程资源

校本研修平台提供多套精品课程，帮助教师快速掌握数字化教学教研工具的使用方法，让教师将学到的知识应用到工作中，提升教学教研的实效。

2. 自定义研修活动

校本研修平台支持学校自定义创建研修活动。学校可以根据实际的教育教学需求，选择合适的时间、地点和参与人员，灵活配置学习的课程，增加互动环节（包括任务、签到、讨论等），发布各类研修活动。这样，教师可以更加方便地参与到自己感兴趣的研修活动中，合理安排学习时间。

3. 研修成效管理

通过校本研修平台提供的丰富数据分析功能，学校能够方便地查看各类研修活动的教师参与情况、完成情况等，深入了解和分析教师的学习需求和学习效果，为教师的发展提供针对性的指导和支持，为今后的研修活动组织和管理提供有力的数据支持。

（六）校本资源数字化

校本资源是教学教研的重要部分。学校利用希沃魔方校园数字基座，以便捷、高效的方式整合校内资源，充分发挥校内资源的共享优势，满足教师便捷高效使用教学资源的需求，从而提高教师的教学质量及学校信息化水平。

该数字基座通过为学校提供校本资源库，帮助学校提升教学竞争力。教师可将精品校本课件上传到校本资源库中，学校其他教师可进行参考，从而全面提升全校教师整体竞争力。

1. 资源共享

以学校为单位构建校本资源库，可在库中对课件进行便捷分享；学校其他教师可以针对课件进行传阅评分。

2. 资源应用

学校其他教师可将精品课件下载使用，并结合各班具体学情，制作适应各班教学进度及学情的教学课件。

3. 快速收集

管理者进入管理后台后，可以编辑资源目录。为了方便管理员快速新建目录，并有效收集校内学科资源，系统提供了一键插入教材/学科目录的功能。同时，教师也能够精准地上传文件到对应的文件夹中。

4. 文件管理

管理员在系统后台可以对资源目录进行权限设置，设定某些部门/教师可见，支持设置上传审核权限，以增加文件访问的安全性，这样既能保证校内文件资源安全共享，又能保证教师快速找到所需的资源，更大程度上兼顾效率与安全。

5. 数据统计

数据统计模块可以快速统计资源目录的类型和数量，包括校本课件、教案等资源，还支持一键导出数据的功能。

在实际操作中，学校根据教师的实际情况，制定了《江村中学信息化培训实施方案》，并开展系列培训，如组织学校骨干教师开展经验交流研讨、学科组教师在线进行"问卷星"的人人过关学习、"明德云"网上直播课的学习等，通过这一系列真抓实干的培训措施，确保每位教师都能掌握信息化技术，实现人人过关的目标。因此，学校教师在信息化应用方面都得到了显著的提升。58岁的陈老师对此深有感触地说："最开始我还担心自己学不会，但学着学着就逐渐掌握了。昨天我还用'问卷星'给学生们布置了练习，真的很方便，直接就能知道多少人答对了、多少人答错了。"

一体化教学教研应用给江村中学的教学统筹管理带来了显著的改变。它不仅实现了教学资源的数字化整合，优化了教学管理流程，还强化了教研培训环节。这些改变使得教学管理工作变得更加便捷、高效，极大地提升了学校的教学水平和教学质量，同时为教师的个人成长和职业发展提供了有力的支持和保障。

第二节 教师专业素养培养

教师是教育发展的第一资源，是人才培养的关键力量。中共中央、国务院印发的《关于全面深化新时代教师队伍建设改革的意见》，清晰地阐述了提高教师专业素养与能力的目标及其达成途径。"真正好的教学不能降低到技术层面，真正好的教学来自教师的自身认同与自身完整。"[①] 在新时代背景下，提升教师的专业素养与能力是一项重要任务。

一、教师专业素养培养路径

在松品教育理念的引领下，结合数字化建设的优势与学校自身特色，江村中学积极推行"互联网+教师培养"的创新模式。该模式不仅着眼于提升教师的专业素养，还从"互联网+家庭教育"这一新形式入手，旨在提升教师在家庭教育指导方面的能力。通过整合线上与线下资源，江村中学为教师提供

---

① （美）帕克·帕尔默. 教学勇气：漫步教师心灵：十周年纪念版［M］. 吴国珍，译. 上海：华东师范大学出版社，2014.

了丰富多样的学习平台和机会，有效促进了教师在个人专业能力、教育教学方法以及信息素养等方面的发展，切实为教师的专业成长注入了新的活力与动能。

（一）"互联网+教师培养"，引领新风尚

"互联网+教师培养"模式深度融合了互联网技术与教师专业成长，通过打破时空限制、实现资源共享、促进个性化学习等方式，提供了强有力的师资保障。

1. 系统化的专业培训，让教师在转变观念的同时提升技术能力

学校教师平均年龄在50岁左右，信息化技能水平较低。因此，学校从顶层设计开始，通过精心设计和个性化定制的信息技术培训课程来转变教师观念，促进教师的信息化技能水平提升。该模式根据教师的现有技能水平进行分层设计，从基础到高级，以确保每位教师都能够在适合自己的学习节奏下进行学习。针对初级教师，学校设立基础知识强化课程，重点介绍基本的信息技术工具和应用技巧；针对有一定基础的教师，提供进阶课程，涵盖更复杂的技术操作和教学应用案例，如VR和AR技术在不同学科中的实际应用。此外，为了增强课程的吸引力和实用性，学校引入实践性强的工作坊和研讨会培训，组织小组实验和教学设计挑战，让教师在实际操作中学习如何有效地将信息技术整合到课堂教学中。这些活动不仅能够让教师们亲身体验新技术，还能促进他们之间的互动和合作，从而提升信息化技能水平。

2. 信息化环境创设，以日常实际操作提高技术应用维度

依托企业微信及希沃平台，学校自主构建了办公业务综合性平台与数字孪生校园。利用平台，学校实现了考试数据的采集与智能化分析、教职工考勤的高效管理、教学教务工作的电子化管理、智慧教学数据的实时监控、电子公文的便捷呈批流程、网络教研活动的开展、在线听课与评课的功能，以及通过手机应用实现的便捷看班管理。这一系列举措极大地提升了学校的信息化管理水平，促进了教育教学的现代化进程。以公文呈批管理为例，以往，每当上级文件下达，办公室常需将其打印成纸质版逐一传阅，此举不仅效率低下，还造成了纸张浪费。自引入企业微信平台实现公文流转的线上化改造以来，这一状况得到了根本性扭转。现在，文件内容会根据关联部门自动分配给相应负责人查阅并执行，省去了繁琐的打印与物理传递环节，极大地提升了工作效率，并有效减少了资源消耗。

尤为突出的是，网上听课与评课功能打破了传统教研活动在时间与空间上的束缚，促进了教师间的互动与合作。以往，教师们需携带笔记本，亲临课堂

记录听课内容，之后还需通过集体会议汇总讨论，整理出评价意见，并转化为书面报告存档。这一传统流程不仅延长了教研工作的周期，还削弱了评价的即时性，导致学期末时，对这些资料的整理与分析变得尤为繁琐。然而，自引入个性化的在线听评课系统后，教师们彻底摆脱了时空限制，能够灵活地在任何时间、任何地点参与听评课活动。该系统不仅能自动统计听课与评课数据，还能通过直观的教学数据展示板，将听评课结果以图表形式迅速呈现，提高了教研工作的效率与反馈速度。

这样，学校利用大数据实施精准化教学智慧管理，使日常教学、管理更高效化、透明化、规范化，也让教师实现"教育资源一抓在手"，从而进一步提高自身的信息化素养。

（二）"互联网+家庭教育"，拓宽新渠道

家庭教育指导工作与教育教学工作一样，都具备高度的专业性。在新时代教育发展的背景下，强化教师在家庭教育指导方面的专业能力建设显得尤为重要。教育部等十三部门联合印发的《关于健全学校家庭社会协同育人机制的意见》明确提出："切实加强教师家庭教育指导能力建设，将教师家庭教育指导水平与绩效纳入教师考评体系。"教师进行家庭教育指导，能够有效助力家长增强家庭教育的技能与素养，这对于学校的管理运作及教育教学活动的顺利开展至关重要。

作为教师，他们不仅要精通系统的学科知识和专业的教学技能，还必须掌握全面且专业的家庭教育知识。为帮助教师提升家庭教育指导的专业能力，江村中学积极推进"互联网+家庭教育"模式，以互动沉浸式培训课例的形式展示了现代化智慧课堂——智能交互课堂、数据应用课堂、数字资源课堂三类智慧课堂的特色，拓宽了教育的渠道。此外，学校积极采取"走出去"的策略，鼓励教师队伍参与外出交流与学习活动。通过此类培训与学习，教师能够进一步理解并分析家长的需求，精心设计并有效组织实施家庭教育指导活动。这些能力的提升，最终将促进教师在家庭教育研究方面取得更大的进展。

例如，2024年3月，学校组织"校家社协同育人"骨干教师队伍一行11人，参加由心理学教育专家张慧萍老师主讲的"家庭雕塑个案工作坊"课程。

第一天，学员聆听张慧萍老师讲解家庭教育核心理念。课程聚焦于萨提亚心理疗法，该疗法旨在提升个人自尊、改善沟通方式、追求人性化生活，而非单纯消除症状，目标是实现身心整合与内外一致。现场学员多为教育工作者，怀揣共同信念，真诚交流。张老师介绍了萨提亚沟通理论中的沟通姿态——讨

好、指责、超理智、打岔和一致型沟通，这些曾是我们为保护自我价值感而采用的姿态，而一致型沟通被视为最佳方式。通过分组沉浸式体验，学员深刻感受到了不同沟通方式带来的影响。随后，现场呈现了第一个家庭雕塑个案，学员们的沉浸式参与让全场观众感同身受。讨论环节，学员们热烈交流，对原生家庭对个人生活的影响有了更深刻的认识。

第二天，现场进行了精彩的雕塑演示，以全新视角审视原生家庭及其内部关系，引导参与者觉察自身沿袭自原生家庭的内在模式，找到突破的方向。江村中学的教师也积极参与，分享了教育沟通的方法和心得。演示中的个案涵盖了夫妻关系处理、亲子困惑、个人状态迷茫及原生家庭困扰等主题。张慧萍老师透过现象引导案主深入探寻问题的根源，帮助他们在错综复杂的关系中理清自我，看见内在的渴望与需求，从而在爱与智慧中实现和解转化，促进个人疗愈与成长。

（三）"互联网＋协同发展"，共享新经验

江村中学作为农村智慧校园的典范，积极践行"互联网＋协同发展"，充分利用互联网技术的优势打破传统教育界限，实现了教育资源的高效整合与共享。通过"互联网＋"的深度融合，学校不仅优化了校内管理流程，提升了教学质量，还促进了区域间、学校间的协同合作，共同探索教育现代化的新路径。这种发展模式不仅展现了江村中学的创新精神，更为农村地区的教育发展提供了可借鉴的宝贵经验。

1. 合作教研，专业支持

合作教研是促进区域协同发展的一种深化形式，它通过整合教学资源，加强教育各部门与各个学校、教师之间的交流与合作，旨在提高区域整体数字化教学管理水平。例如，为落实广州市教育局印发的《广州市信息技术赋能教学"十百千万"人才培养方案（2022—2024）》等文件精神，江村中学与广州市白云区教育局、广州市白云区江高教育指导中心共同承办了人工智能助力课堂教学研讨暨"互联网＋双减"区域协同推进研讨活动。活动中，江村中学信息中心刘远峰主任以及初一年级谭群英、文鑫、钟昭华、孔婉霏五位教师分别进行了物理、语文、数学、英语学科的课例展示。五位教师深入分析了不同学科的独特性，并充分考虑学生的个性化需求，结合新课程标准的要求，巧妙地将"小乐秒阅—无感知 AI 数字课堂"的功能和技术融入教学中。例如，在不改变课堂教学习惯的前提下，教师让学生在普通的纸张上作答，答案通过教室顶端的"小乐秒阅"机器自动识别并即时形成评价与反馈。

2. 结对帮扶，共同致远

结对帮扶是推动其他农村小学数字化教学管理质量提升的重要抓手，旨在帮助他校解决数字化教学管理中的具体问题。例如，学校教师前往贵州省平塘县第二中学进行了"'四合一'教学模式在农村中学的应用研究"的演讲，从基本理念、实施步骤详细介绍了"四合一"主体教学课堂模式及信息卡的使用；开展"乡村学校教育数字化转型'逆袭'之路"的主题讲座，介绍了江村中学数字校园建设方面的相关经验及取得的成绩，并从国家层面到学校层面，深入浅出地阐述乡村学校教育信息化转型"逆袭"之路，以"思、为、望"为关键词，讲述学校如何利用现存的有限资源，在"管、教、研、学、评"五大板块方面求变。

以互助互帮谋出路，以同思同研促发展
——到平塘二中帮扶交流所感[①]

为做好对贵州省平塘县第二中学的帮扶工作，受平塘县教育局邀请，4月16—19日，我校组织教师参加平塘县第二中学的东西部协作帮扶交流座谈会。

我校和平塘二中的交流已有多年，双方领导教师的往来也有几次，这次相见的既有故友，又有新朋。4月16日下午，刚到平塘二中，双方就召开了一次小型的座谈会。

平塘二中党委刘书记介绍了他们学校的情况：随着私立学校的涌现和兄弟学校的崛起，平塘二中的教学质量出现了滑坡现象，急需在教学课改方面有所突破。2018年起，几所学校被拆除并合并成为现在的平塘二中。这一合并导致生源质量良莠不齐，学生的成绩有所下滑。同时，学校面临着教师老龄化严重的问题，教师们的成长压力大。特别是近三年来，已有30多位高级教师退休，而新的教师还未完全成长起来，出现青黄不接的局面。此外，平塘二中教师在驾驭课堂的能力上也有待进一步提高。针对平塘二中的这些情况，我校余振江校长发出诚挚邀请，欢迎平塘二中的教师到江村中学进行跟岗学习，并对平塘二中的教育教学提出中肯的意见。余校长认为，信息化是教学改进的助推剂，能够更好地发挥出教学的优势。同时，课改应根据平塘二中的实际情况有序地进行，以确保教学质量的稳步提升。

在这两天的交流培训中，我感受较深的有如下几点：

第一，学生自律性较强。第一天，我去寻找教室的时候已经是下午六点

[①] 文章来自广州市白云区江村中学教师文鑫。

多。走上三楼的走廊时，我看到了教室的牌子。由于当时非常寂静，且天色已经昏暗，我误以为教室里没人。然而，推门一看，里面竟然坐满了学生，这让我大吃一惊。

第二，学生可以"静若处子"，也可以"动如脱兔"。第二天下午五点左右，我们在操场上又看到另一番景象：在篮球场上，学生们正在进行篮球比赛，有男子赛，也有女子赛。每个学生都生龙活虎，奋力拼搏。场上，篮球撞地的声音、吆喝配合的声音、哨令声此起彼伏；场外，呐喊助威声、指导声交织在一起。这些声音让我们这些外校的教师都禁不住热血澎湃，想上场去比画一番。

第三，学生们上课言语不多，惜字如金，但是都很专注，这可能也与班级水平有关系。学生在小组竞赛中回答问题很积极，且总能答到关键。

第四，学生比较能吃苦，这可能和学生的家庭、经历有关。他们的大课间给我留下了深刻的印象。由于操场空间有限而学生众多，学校只能充分利用每一处可用空间，因此，有些学生被安排跳台阶。这些老旧斑驳的台阶，在这些学生们的脚下仿佛焕发了新生。

三天的交流活动结束了，平塘二中的曾校长感谢上课教师精心准备的优质课和讲座，感谢我校的领导、教师们不远千里助力教育教学新发展。但是对我来说，收获却不仅仅是这些。

二、教师教科研论文选编

教育写作紧密伴随教师职业生涯的每一步，渗透于学校教育的各个领域，对教师专业的不断成长及教育质量的全面提升至关重要。教育写作是教育思想理论形成的重要过程和关键环节，通过准确的学术概念表达教育知识和教育原理，通过体系的理论构建解释教育现象和教育问题，通过充足的证据资料彰显教育立场和教育价值。[①] 在培养教师专业素养的过程里，江村中学通过教育写作培训、制定奖励机制等举措，积极鼓励教师撰写教科研论文，引导教师走上研究型教师的道路。撰写教科研论文对教师而言，不仅能够系统地梳理和总结自身的教学实践与研究成果，培养独立思考与批判性思维的能力，而且还能促使自己深入探究教育理论，进而提升个人的教育理念和优化教学方法。

---

① 杜彬恒. 教育写作促进教师专业发展的意义及路径［EB/OL］.（2023-09-15）[2024-11-19]. https://www.cssn.cn/jyx/jyx_zdtj/202309/t20230915_5685767.shtml.

初中语文课外阅读评价主客体研究[①]

语文是培养学生综合素养的重要学科，而课外阅读是语文教育的重要组成部分。首先，课外阅读能够帮助学生接触到更广阔的知识和文化，丰富学生的思想内涵。经典文学作品是人类智慧的结晶，通过阅读这些作品，学生能够了解历史、传承文化、感悟人生，从而开阔智慧的视野。其次，课外阅读对学生的语文学习和写作能力的提高有着积极的作用。阅读能够拓展词汇量，丰富表达方式，提高阅读理解能力，培养批判性思维。最后，课外阅读对于培养学生的阅读习惯和自主学习能力有着重要意义。阅读是一种积极主动的学习行为，通过课外阅读，学生能够养成主动学习的习惯，培养独立思考和自主学习的能力。

然而，当前学生在课外阅读方面存在一定的问题。首先，学生的阅读兴趣不高，对于经典文学作品缺乏足够的欣赏能力。其次，由于学业压力和课业负担的增加，许多学生没有足够的时间和精力投入课外阅读中。再次，缺乏有效的阅读评价和指导，难以得知学生阅读的收获和理解程度，从而难以形成积极的阅读动力。

因此，笔者以初中语文课外阅读为切入点，从评价主体（教师、家长）与被评价的学生之间的相互作用出发，探讨如何激发学生的阅读兴趣，培养学生的阅读习惯，增强学生的阅读效果，从而提高学生的语文水平和综合素养。

一、从学生角度出发的课外阅读

学生是课外阅读的主要参与者，他们的阅读体验和感受对于评价和改进课外阅读至关重要。学生的主动性和阅读兴趣是课外阅读取得成功的关键因素。因此，评价主体应该关注学生对阅读的兴趣、理解程度以及在阅读中遇到的问题，从而制定个性化的阅读指导方案。

1. 关注学生的阅读兴趣

了解学生的阅读兴趣是激发学生主动阅读的重要途径。评价主体可以通过与学生交流、开展问卷调查等方式，了解学生喜欢的题材、类型和作者，从而推荐更加符合学生兴趣的书籍。例如，对于喜欢历史题材的学生，可以推荐《儒林外史》《水浒传》等古典名著；对于喜欢科幻题材的学生，可以推荐《海底两万里》等科幻小说，通过满足学生的个性化阅读需求，增强学生阅读的积极性和主动性。

---

① 文章来自广州市白云区江村中学教师谭群英。

2. 促进学生的阅读理解与反思

学生在阅读过程中可能会遇到各种问题，如对古典名著中的古文理解困难、情节把握不准确等。评价主体应该引导学生在阅读后进行反思和交流，鼓励学生分享阅读心得和体会。例如，教师可以组织课外阅读分享活动，让学生主动展示对书籍内容的理解和感悟。家长可以与学生进行交流，了解学生在阅读过程中的体会和收获，给予积极的鼓励和反馈。

3. 建立有效的阅读指导机制

为了提高学生的阅读效果，评价主体应该建立有效的阅读指导机制。教师可以在课堂上设置阅读讨论环节，引导学生深入探讨书籍内容，激发学生对作品的思考和想象。家长可以鼓励学生制订阅读计划，合理安排阅读时间，并陪伴学生一起阅读，分享阅读心得。同时，评价主体还可以鼓励学生写阅读心得体会，形成阅读日志，从而帮助学生加深对书籍内容的理解和记忆。

学生评价是课外阅读评价的重要组成部分。通过关注学生的阅读兴趣，促进学生的阅读理解与反思，建立有效的阅读指导机制，评价主体能够更好地激发学生主动阅读的热情，提升阅读效果。学生在积极参与课外阅读的过程中，不仅能提高语文水平，还能培养终身受益的阅读习惯，为未来的学习和生活打下坚实基础。

二、从教师角度出发的课外阅读

教师作为课外阅读的组织者和指导者，在学生的阅读过程中扮演着至关重要的角色。教师的评价与指导能够直接影响学生的阅读效果和兴趣培养。因此，应该重视教师的评价和指导工作，以推动学生在课外阅读中取得更好的成果。

1. 了解学生的阅读情况

教师在评价学生课外阅读时，要了解学生的阅读情况。教师可以通过布置阅读任务、检查阅读日志、进行小组讨论等方式，了解学生选择的书籍、阅读进度、阅读心得等。通过及时了解学生的阅读情况，教师可以根据学生的个性化需求，提供针对性的指导和建议。

2. 鼓励学生分享阅读心得

教师应该积极鼓励学生分享阅读心得。学生之间的交流，可以激发学生的阅读兴趣，促进学生课外阅读的积极性。同时，教师在听取学生分享时，应给予积极的反馈和肯定，鼓励学生继续深入阅读和思考。

3. 提供个性化的阅读指导

每个学生的阅读需求和水平各不相同，教师应该根据学生的实际情况，提供个性化的阅读指导。对于阅读古典名著有困难的学生，教师可以耐心解释古文词句，提供背景知识，帮助学生更好地理解书籍内容。对于阅读水平较高的学生，教师可以引导其深入挖掘作品的内涵，进行批判性思考。教师还可以针对学生的兴趣爱好，推荐更加符合其喜好的书籍，增加阅读的乐趣。

4. 形成积极的阅读氛围

教师的态度和言行对学生的阅读态度和习惯有着重要影响。教师应该身体力行，自己积极阅读，并在课堂上分享阅读体验。教师还可以鼓励学生互相交流阅读心得，形成积极的阅读氛围，通过推广阅读活动，如课外阅读分享会、阅读比赛等，激发学生的阅读热情，促进学生主动参与课外阅读。

教师的评价和指导能够直接影响学生的阅读效果和兴趣培养。通过了解学生的阅读情况，鼓励学生分享阅读心得，提供个性化的阅读指导，形成积极的阅读氛围，教师可以激发学生主动阅读的热情，让学生养成终身受益的阅读习惯。

三、从家长角度出发的课外阅读

家长在学生的教育中发挥着重要的作用，他们的支持和鼓励对于学生的阅读习惯形成和兴趣的培养至关重要。家长对学生课外阅读的评价和参与，不仅能够提升学生的阅读效果，还可以为营造良好的阅读环境提供有力支持。

1. 了解学生的阅读情况

家长应该了解学生的阅读情况，包括学生选择的书籍、阅读进度、阅读心得等。家长可以与孩子进行交流，询问孩子正在阅读的内容，倾听孩子的阅读心声，了解孩子对书籍的感受和理解程度。家长的关心和倾听可以让孩子感受到家长对阅读的重视和支持，激发孩子课外阅读的积极性。

2. 提供积极的阅读鼓励和反馈

家长应该对孩子的阅读表现给予积极的鼓励和正面的反馈。无论是对于阅读的进度，还是对于书籍内容的理解程度，家长都应该给予孩子肯定和鼓励。家长的鼓励和赞赏，可以增强孩子对阅读的自信心，激发他们坚持阅读的动力。

3. 与孩子共同阅读

家长可以与孩子一起阅读，共同探讨书籍内容，交流阅读心得。通过与孩子共同阅读，家长可以更好地了解孩子的阅读需求和困难，并提供适时的指导和帮助。家长的陪伴和参与，可以增强孩子对阅读的兴趣，形成积极的阅读氛围。

4. 营造良好的阅读环境

家长可以为孩子提供安静舒适的阅读场所，营造良好的阅读环境，减少干扰。家长还可以在家中放置适合孩子年龄和兴趣的书籍，为孩子提供多样化的阅读选择，或与孩子一起参加图书馆活动，培养孩子的阅读兴趣和习惯。

5. 与教师形成合力，共同推动孩子的阅读发展

家长和教师是孩子教育中的两个重要支持者，他们应该形成合力，共同推动孩子的阅读发展。家长可以与教师保持密切的沟通，了解孩子在学校的阅读表现和老师的评价，及时进行反馈和改进。家长和教师的共同努力，将为孩子的阅读习惯培养和阅读水平提高提供更加坚实的基础。

家长了解学生的阅读情况，提供积极的阅读鼓励和反馈，与孩子共同阅读，并营造良好的阅读环境，与教师形成合力，将有效推动孩子在课外阅读中取得更好的成果。家长的支持和参与将在学生的阅读成长中发挥至关重要的作用，让孩子从阅读中汲取智慧，收获成长。

四、课外阅读书籍评价

初中语文课外阅读中涉及的书籍种类繁多，包括《朝花夕拾》《西游记》《骆驼祥子》《海底两万里》《红星照耀中国》《昆虫记》《经典常谈》《钢铁是怎样炼成的》《艾青诗选》《水浒传》《儒林外史》《简·爱》等。评价这些书籍的适宜性对于学生提升阅读体验至关重要。

1. 经典文学名著的价值与魅力

《朝花夕拾》《西游记》《骆驼祥子》《红星照耀中国》等经典文学名著是中华文化的瑰宝，蕴含着深刻的思想和丰富的情感。这些作品通过生动的情节、丰富的人物形象和独特的艺术手法，为学生展现了丰富多彩的世界和生活，激发了学生对历史、文化和人生的思考。通过阅读这些经典文学名著，学生可以了解传统文化的魅力，提高审美和情感体验。

2. 科普读物与现实生活的关联

《昆虫记》《经典常谈》等科普读物，是培养学生科学素养和理解现实生活的重要阅读素材。这些书籍以通俗易懂的方式介绍了自然界和人类社会的科学知识，激发了学生对科学探索的兴趣。通过阅读科普读物，学生可以增加对世界的认识，培养科学精神，培养解决问题的能力。

3. 诗歌与文学的艺术享受

《艾青诗选》《简·爱》《钢铁是怎样炼成的》等文学作品通过优美的语言、深刻的情感和独特的思想，给予学生美的享受和心灵的滋养。阅读这些文学作品，可以培养学生的审美意识，提高其文学鉴赏能力，激发学生对写作和创作的热情。

4. 历史传统与社会现实的认知

《水浒传》《儒林外史》等历史题材作品，通过描述历史事件和社会风貌，帮助学生了解传统文化和社会变迁。这些作品不仅可以增加学生对历史的认

知，还可以拓展学生对人性和社会现实的思考。通过阅读这些作品，学生可以提高历史意识和社会责任感，认识到自身在历史和社会中的角色。

5. 个性化推荐与阅读引导

每位学生的兴趣、喜好和阅读水平各有不同，评价主体应该根据学生的个性化需求，进行针对性的书籍推荐和阅读引导，通过个性化的推荐，可以增加学生对阅读的兴趣和积极性。

课外阅读书籍评价是促进学生主动阅读、提升阅读效果的关键因素。学生通过阅读经典文学名著、科普读物、诗歌与文学作品以及历史题材作品等，可以获得丰富的知识和情感体验，培养综合素养和阅读习惯。评价主体应该根据学生的个性化需求，合理地推荐书籍和指导阅读，为学生打开知识和智慧的大门，引领他们在课外阅读中不断成长。

五、结论与展望

从学生角度出发，我们发现关注学生的阅读兴趣是激发学生主动阅读的重要途径。个性化的阅读推荐和针对性的阅读指导，能够增强学生对阅读的积极性和主动性。此外，促进学生的阅读理解与反思，引导学生分享阅读心得，也是提高学生阅读效果的有效手段。

从教师角度出发，了解学生的阅读情况，鼓励学生分享阅读心得，提供个性化的阅读指导，形成积极的阅读氛围，是教师评价和指导学生课外阅读的关键要素。教师在课堂上要起到榜样和引领作用，通过积极的阅读推广活动，激发学生的阅读热情，推动学生在课外阅读中取得更好的发展。

从家长角度出发，了解学生的阅读情况，提供积极的阅读鼓励和反馈，与孩子共同阅读，营造良好的阅读环境，与教师形成合力，是家长评价和支持学生课外阅读的关键要素。家长的支持和参与对学生阅读习惯的形成和兴趣的培养有着重要的影响。

在课外阅读书籍评价方面，学生接触的书籍种类繁多，不同类型的书籍对于学生的阅读效果和体验具有不同的影响。经典文学名著能够带给学生丰富的文化体验和思想启迪，科普读物可以增加学生对于科学知识的认知，诗歌与文学作品能够培养学生的审美意识，历史题材作品帮助学生了解传统文化和社会现实。评价主体应该根据学生的个性化需求，进行合理的书籍推荐和阅读引导。

展望未来，我们希望通过学生、教师和家长的共同努力，进一步提高学生的阅读兴趣和效果。评价主体可以加强合作，共同关注学生的阅读发展，形成全方位、多层次的评价体系，为学生提供更加全面和有效的阅读指导。同时，我们也期待教育部门和社会各界的支持和关注，加强对课外阅读的推广和宣传，营造良好的阅读氛围，让更多的学生从中受益，成为阅读的热爱者和受益者。

综上所述，通过对初中语文课外阅读评价主体和客体的研究，我们可以促进学生主动阅读，提升阅读效果，让学生培养终身受益的阅读习惯，为他们的未来学习和成长打下坚实基础。

新课标视域下如何开展应用文体写作教学①

《义务教育语文课程标准（2022年版）》与2011年版本相比，写作教学部分的表述发生了显著的变化，以往单独呈现的"写作"与"口语交际"合并为了"表达与交流"板块。写作教学渗透进了课程内容的各个方面。新课标视域下，中小学写作类型的新变化主要体现在两个方面：第一，学段要求中，部分延续了以往"三大文类（记叙文、说明文、议论文）+实用文"、缩写、扩写和改写的具体要求。第二，首次在义务教育阶段通过学习任务群的形式呈现课程内容，新增的学习任务群中，写作可划分为学习性写作、应用性写作、创意性写作以及思辨性写作四种不同类型。这就要求语文教师在进行写作教学时能够区分不同的写作类型，开展更加规范的写作教学。其中，应用性写作是指为了满足生活和工作需要而进行的写作，如写通知、新闻、报告、日记、计划、总结、演讲、书信、说明书、倡议书等。新课标视域下开展应用文体写作教学，应遵循以下原则：

一、要基于具体的情境任务，真实地教

新课标在课程理念部分提出要"增强课程实施的情境性和实践性，促进学习方式变革"。在课程实施的教学建议中，提出"创设真实而富有意义的学习情境，凸显语文学习的实践性""创设学习情境，引导学生在多样的日常生活场景和社会实践活动中学习语言文字运用"。落实到写作层面，就是要求中小学写作教学要从学生的语文生活实际出发，创设丰富多样的学习情境，引导学生在"真实且富有意义的语文实践活动情境下"进行服务于解决现实生活真实问题的写作。

以新课标中"实用性阅读与交流"任务群为例，该任务群旨在引导学生在语文实践活动中，通过倾听、阅读观察，获取、整合有价值的信息，根据具体交际情境和交流对象，清楚得体表达，有效传递信息，满足现实生活中的交流与沟通需要。在学习内容中，该任务群要求学生在不同学段学会写留言条、请假条、短信息、简单书信等日常应用文；学会写日记、观察手记等记叙性应用文。在教学提示中，该任务群注重紧扣应用文的"实用性"并结合真实情境

---

① 文章来自广州市白云区江村中学教师辛婉华。

进行写作教学,以学生在真实生活情境中进行写作的实际表现作为评价依据。

二、根据应用文体的写作类型,规范地教

在新课标视域下,教师需要按照应用文体写作所固有的写作格式和要求展开规范性教学,使学生在头脑中形成对该种类型文体的系统性认知并掌握具体的写作格式和规范。例如,教师需要教会学生判断什么样的写作属于应用性写作,进行应用性写作来达成何种目标、需要,留言条、请假条、短信息、书信、日记等具体的日常应用文分别具有怎样的写作格式要求等等。

初中数学课堂教学改革的思考[①]

近几年,在坚持抓好新课程理念学习和应用的同时,笔者积极探索教育教学规律,充分运用学校现有的教育教学资源,改革课堂教学。下面笔者谈谈自己在教学活动中的几点体会。

一、注重教会学生学习

第一,开展数学阅读,培养学生的学习能力。数学阅读是指在教师的指导下,学生独立地进行学习的活动。教师要告诉学生阅读的范围,指导学生阅读的思想和方法,解答学生提出的疑问。学生通过阅读、思考、分析、训练,弄清知识原理,并学会自行解决例题。在此基础上,他们还可以对例题进行改造。这样的学习方式不仅帮助学生完成了练习,同时达到了复习旧知识的目的。

第二,注重知识生成过程的教学,提高学生的学习能力。数学中概念的建立,结论、公式、定理的总结过程,蕴藏着深刻的数学思维。为了培养新型人才,数学的新教材格外注重知识的引入和生成过程的编写。因此,教师要改变那种害怕浪费课堂时间、片面追求提高学生方法运用能力的做法。教师应当结合教学内容,设计有利于学生参与认知的教学环节,把概念的形成过程、方法的探索过程、结论的推导过程、公式定理的归纳过程等充分展现在学生面前,让学生的学习过程成为自己探索和发现的过程,让学生真正成为认知的主体,从而提高学生的学习能力。例如,在学习等腰三角形的性质定理时,教师可以先让学生将一个等腰三角形的两个底角对折,让学生发现它们相等的这个特性,从而进一步提出数学理论推导过程。学生可通过折痕得到添加辅助线的方法——作底边上的高或顶角平分线或底边上的中线去构造两个全等的三角形,通过全等三角形的性质导出结论;同时,通过亲手操作,学生还会发现等腰三角形轴对称等特性。这种数学活动有效地激发了学生学数学的兴趣,提高了学生的学习能力。

---

① 文章来自广州市白云区江村中学教师梁艳梅。

二、营造良好的教学情境

第一,注重教学情境的创设。情境教学以优化的情境为空间,以创设情境为主线,根据教材的特点、教学的方法和学生的具体学情,在课堂上营造一种特定的氛围,让学生在情境中主动投入学科知识的学习。情境教学强调学生的积极性,强调兴趣的培养,提倡让学生通过观察不断丰富感性认识,让学生在实践感受中逐步认知、发展和创造,从而提高学生的数学学习能力。例如,教师设计了这样一个情境来帮助学生学习三角形全等的判定:"小芳的三角形镜弄碎了,想重新配一个,该拿哪一块?请你给她拿个主意。"问题提出后,学生们十分感兴趣,议论纷纷,连平时数学成绩较差的学生也跃跃欲试,学生们学习的主动性很好地被调动了起来,大家不知不觉投入了数学课堂的思维活动中。

第二,创设情境以激发学生思维活动为出发点。数学教学是思维活动的教学。在数学课堂上,学生的思维很大程度上依赖于课堂的情境,以及教师的循循善诱和精心的点拨。因此,课堂情境的创设要以激发学生思维活动为出发点。课堂上提问的设计、题目的选择、情境的创设等,都要充分考虑对学生思维活动的启发性。

第三,通过创设问题情境来激发学生的求知欲。问题是数学的灵魂。课堂上,教师要创设问题情境,以激发学生解决问题的动机,让学生通过探索解决问题,获得积极的心理满足。只有感受真切,才能入境。创设问题情境就是在讲授内容和学生求知心理间制造一种"不和谐",将学生引入一种与问题相关的情境中。问题情境的创设要小而具体、新颖而有趣、具有启发性,同时又有适当的难度,与课本内容保持相对一致。教师要善于将所要解决的课题寓于学生实际掌握的知识中,造成心理上的悬念,把问题作为教学过程的出发点,以问题情境激发学生的积极性,让学生在对知识有迫切需求的状态下去学习。例如,在无理数知识的教学过程中,教师可以引导学生理解我国的数学家祖冲之取得了"当时世界上最先进的成就"的意义。这样不仅可以使学生加深对知识的理解,而且还能让学生了解人类对圆周率的研究历程,这对培养学生献身科学的探索精神有着积极的意义。

整体教学视域下的初中英语阅读教学[①]

传统的英语课堂教学主要依赖于西方的教学法,如任务型教学法和交际法等,我国许多教师通过学习和理解,将这些方法直接应用于英语教学中。这些

---

① 文章来自广州市白云区江村中学教师王宝云。

方法在过去满足了我们学习外语的一些基本需求，帮助英语学习者认识了很多西方的语言知识和技巧。然而，随着时代的发展，我国人民的生活方式和需求发生了很大的变化，这些传统的教学方法已经无法满足我国学生语言能力和思维发展的需求。因此，在某一个时期，英语教学陷入了尴尬的局面，急需一种新的思想来突破这种困境。

面对这一挑战，很多语言学家奋力钻研，力求寻找一种适合当下我国基础英语教育的教学模式和理念。在这个过程中，各种教学法和学习观如雨后春笋般被纷纷提出，但真正被广泛接受并推广实践的只有极少数。在这样的背景下，北京外国语大学的韩宝成教授提出了整体教学的方案。他认为，现代英语教学应该以学生为中心，让学生综合地、多维度地感受所学语言。除了语言习得外，学生还应该获得思维品质的发展和文化品格的培养。因此，教师应该把语言知识教学、语言技能培养、语言思维发展等融合在课堂教学的整个过程中，而不是将各个部分割裂开来教学。

整体教学的提出使英语教学有了更多可能性，很多教师纷纷尝试把整体教学的思想融入英语课堂教学。教师们也注意到英语新中考改革的变化，中考题型和以往有了很大的不同。最明显的改变是在考查单词、短语和语法知识时，不再通过单个句子来考查，而是全部放入语篇中让学生进行分析。为了顺应新中考改革，提高学生阅读能力，教师需要转变教学观念，改进教学方法，把词汇、短语和语法等基础知识融合在语篇中进行教学，让学生在文章设置的特定情境中推敲词汇和短语的含义，感知语言的运用环境，提高英语的综合运用思维能力。

一、整体教学的概念和原则

1. 进行整体教学，注意教学目标的整体性、教材处理的整体性和教学程序的整体性

《义务教育英语课程标准（2022年版）》提出，学生通过英语课程的学习，能发展语言能力，培育文化意识，提升思维品质，提高学习能力。教师在设置教学目标时，要把学习目标作为一个整体，培养学生的综合语言运用能力，引导学生形成有效的学习策略和一定的文化意识，培养积极向上的情感态度和价值观。同时，教师应该丰富课程资源，利用贴近学生、贴近生活、贴近时代的英语学习资源拓展英语学习渠道。在处理教材时，应当融入整体性教学的思想，从学生的认知特点、心理发展和教学的实际情况出发，分析各种材料的联系，调整教材的顺序，重新整合资源，包括补充一些音频、广播、书报杂志、网络信息等教学材料。教师构思课堂框架时要注意，在实施教学的过程中，各个教学步骤应该要保持连贯性和逻辑性。教学过程不仅是教师的认知过

程，也是学生的认知过程，教师要认真研究英语教学的规律，同时考虑学生的兴趣、需求和困难，通过感知、理解、巩固和运用这几个阶段，创造性地实施教学。

2. 整体教学有明显的整体性和递进性

整体教学的思想应该贯穿阅读课的全过程。在阅读课堂中，教师要充分利用各局部在整体中的相互联系来解决局部的问题，要把词汇的教学、阅读技巧的教学、阅读思维的培养等融合到整个教学过程中，不能把某一部分单独抽出来教学，而是要通过整体阅读和整体感知了解文本单词、词组和语法的基本组合规律。以前，有些教师在教阅读课前会提前把词汇抽出来单独教学，学生通过反复跟读和死记硬背的方式记单词，课堂显得单一枯燥，学生学习的兴趣不高。特别是对于音标基础不好的学生来说，课堂效率不高，学习效果不明显，可能下课后就把课堂上学习的单词忘得一干二净，这种隔断式教学方式非常不利于学生的记忆，更不利于学生英语思维的培养。因此，教师可以把词汇学习融入阅读中，在阅读的过程中根据上下文的理解去推断生词的含义，让学生在理解课文内容的同时，提升猜词的能力，发展英语阅读的思维。

整体教学观提出，英语阅读教学过程的各个步骤应该层层递进，环环相扣。层次上要从简单到复杂，难度要从易到难，教学内容要从巩固旧知识到学习新知识，分析文章时要从整体框架的认识到故事细节的分析。设计步骤时要围绕一条主线，各个步骤都要围绕着这条主线展开，教师找到这些步骤之间的联系，由浅入深地把各个环节衔接起来，在主线的引领下有条理地开展教学，挖掘阅读技能和思维发展的延续性。

二、阅读课整体教学的实施方法

下面以沪教 2011 课标版《英语》九年级上册 Unit 2 Great minds 中的阅读课 Two geniuses 作为例子，谈谈如何把整体教学观融入英语教学课堂。

（一）阅读前（pre-reading）实施方法

1. 头脑风暴

阅读前，教师可以把标题 Great minds 展示出来，让学生去思考这个标题的含义，特别要提出 mind 在这里所指代的是什么，同时引出 genius 的含义：A genius means a great mind.

然后，做一个头脑风暴的活动，让学生分组去讨论，世界上都有哪些 great minds。头脑风暴时可以把 great minds 分成国外和国内两类，顺序可以先从国外的 great minds 开始，如牛顿、伽利略、达尔文、莎士比亚等，再引申到国内的 great minds，如毛泽东、孙中山、邓稼先、袁隆平等，谈谈他们的伟大贡献和历史影响。之后，把话题引申到课文要介绍的这位 great mind 即爱因斯坦身上，让阅读话题重新聚焦起来。

2. 激活背景知识

阅读前，添加背景知识不仅可以让学生了解到课文的相关内容，还能帮助学生更好地理解课文。*Two geniuses* 这篇文章是关于天才爱因斯坦的故事，教师可以先补充爱因斯坦的一些背景知识，围绕"What do you know about Einstein?"对学生提问。例如，他作为著名的物理学家，是怎样工作的？他取得了哪些成就？这些成就都有什么意义？日常生活中，他的性格是怎样的？

Q1：Where is Einstein from?

Q2：Why is he famous?

Q3：What is his achievement?

Q4：How do you think of Einstein?

铺垫了关于爱因斯坦的背景知识后，学生对爱因斯坦有了更多认识，方便学生在后面阅读理解环节中进行人物分析和推测故事发展趋势。

3. 预测阅读

课本给出了和 *Two geniuses* 这篇文章相关的三幅图片（图 4-2）。教师可以根据图片对故事进行设问，让学生讨论课文出现的三幅图片，特别是第一幅图片和第三幅图片存在什么差异，引导学生思考：故事发展过程中发生了什么特别的事情，导致这种变化的出现？

图 4-2

Q1：What can you see in these pictures?

Q2：Who are the two men? What are they doing in these pictures?

Q3：What is the difference between the first and the third picture?

Q4：Why do the two men change their seats?

前三个问题，学生可以根据图片找到答案，第四个问题则是无法从图片中直接找出答案的，教师让学生带着这个疑问去阅读课文，猜测故事的发展，这样英语阅读更有导向性和趣味性。

(二)阅读中(while-reading)实施方法

1. 快速阅读

快速阅读的目的是检测学生是否理解课文中的重要单词和短语的含义。教师可以让学生先在课文中找出这些重点单词和短语:pleasure、university、avoid、tonight、let…down、trust、by heart、without difficulty、join in 等。然后给出一些相近意思的英语解释,打乱它们的顺序让学生选择,检查学生的理解能力,如下图:

a. keep away from	f. college
b. believe in	g. with no trouble
c. take part in	h. this evening
d. happy thing	i. by remembering every word
e. make…disappointed	

图 4-3

通过语义转换的方式,教师不用让学生翻译单词或短语的中文意思,就可以清晰地了解到学生是否已经掌握它们的含义。这一步为后面的阅读理解扫除了词汇障碍,培养了学生在语境中猜词的能力,有利于学生独立阅读能力的发展。

2. 利用图表让学生认识故事的情节发展

阅读文章应当从整体视角出发,而教师在此过程中可以将文本结构作为切入点进行教学。通常,故事的发展遵循一个总体的框架,该框架将文章的故事情节划分为五个部分:opening、rising action、turning point、falling action 以及 ending。教师首先应详细解释这些故事情节部分各自涵盖的内容:opening 部分介绍故事发展的背景信息,rising action 部分会描述主人公遇到了什么问题,turning point 部分会出现让人出乎意料的转折,falling action 部分则描述怎么去解决遇到的问题,ending 是故事的结局(图 4-4)。

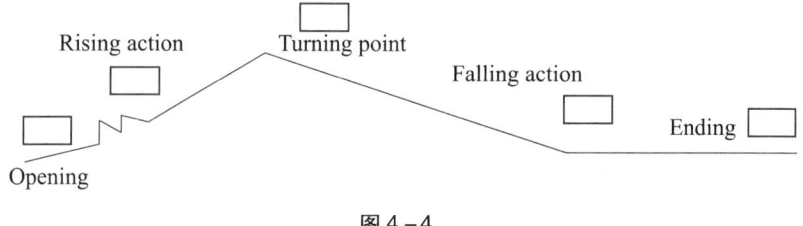

图 4-4

首先,教师利用书本中提供的图表作为辅助工具,引导学生开始阅读课文。在阅读过程中,教师指导学生根据故事情节的进展,将文章合理地划分成若干个段落,并进一步将这些段落归类到相对应的五个部分中。其次,教师提供课文中精选的五个关键句子(图4-5),这些句子能够概括或反映文章各个部分的核心内容。学生根据自己对课文的理解,从句子中选择最合适的填入图表中对应的方框里。完成这一练习后,学生能够通过图表直观地看到课文的结构布局,以及故事情节从起始到高潮再到最终解决的完整发展趋势。

a. Hans and Einstein left the university happily, with Einstein driving.
b. Einstein answered the question perfectly.
c. A man asked a difficult question.
d. Hans offered to give a lecture for Einstein.
e. Hans asked Einstein to answer the question.

图4-5

3. 故事细节分析

了解了故事的结构之后,教师可以围绕"who、what、when、why、how"等方面有针对性地设置一些细节题,检查学生是否理解课文中的具体细节。教师可以设计一个思维导图(图4-6),让学生根据思维导图中的提示词,在文章中查找相对应的每个细节点。回答了这些问题之后,学生就基本上掌握了故事的前因后果。

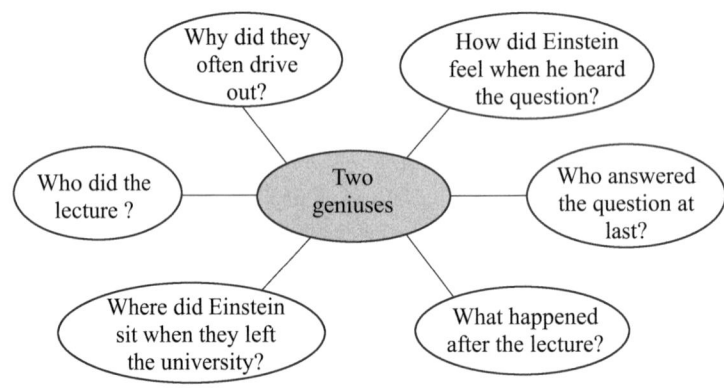

图4-6

4. 人物特征分析

经过多次的阅读和分析,学生对故事已经有了很深的理解,这时候可以进行故事人物分析。对于故事中出现的两个人物Einstein和司机Hans,学生要学会思考:他们都有哪些性格特征?可以用哪些词语描述他们?从课文中哪里可以看出来?例如,有的学生认为Hans是个非常热心(warm-hearted)的人,因为当爱因斯坦说他很累的时候，Hans 主动提出代替爱因斯坦去演讲，他说"I know what to do. I can give the lecture for you."有的学生认为 Hans 非常聪明，头脑很灵活，因为在有人提出一个他完全不懂的难题时，他能随机应变，把问题抛给爱因斯坦，巧妙地化解了难题。有的学生觉得 Hans 是很有礼貌的人，因为他经常说"It's a pleasure to drive a genius like you, Dr Einstein."这句话来表达对爱因斯坦的尊敬。还有的学生认为 Einstein 具有 hard-working 的品质，因为他收到很多人的邀请去解释他的理论，而且他都去了。从"Einstein often received invitations to explain his theories at different universities."这个句子可以看出来。

（三）阅读后（after-reading）实施方法

1. 故事复述

在输出教学环节，可以让学生对故事进行复述。学生对故事发展的脉络已经有了清晰的理解，但是在语言表达上可能还会遇到一些困难，这时候教师可以重新利用 while-reading 中的脉络图，在原有基础上再增加一些提示词和重点句型。例如，在 opening 部分给出 It's a pleasure to…, let…down, trust, learn…by heart 等提示词；在 rising action 部分给出提示词：change places, be guided to, take a seat, listen to, have no idea 等；在 turning point 部分可以给出 turn pale, be in trouble, such…that…等短语；在 falling action 部分给出 stand up, answer 等词汇；在 ending 部分给出 leave, offer to 等词。

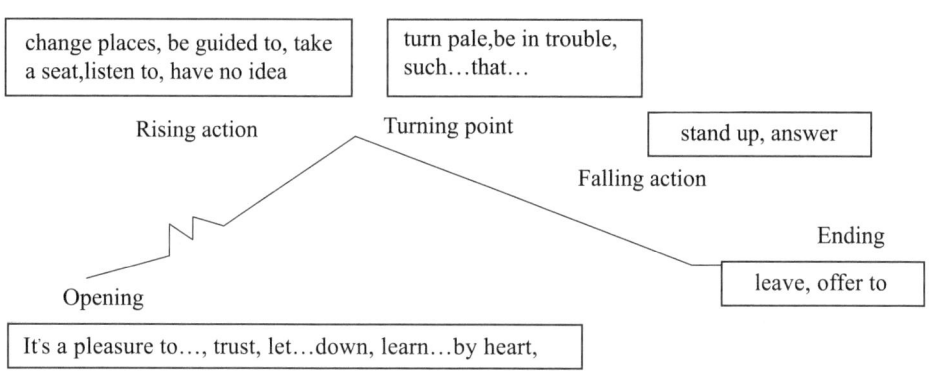

图 4-7

这些提示降低了故事复述的难度，容易唤起学生的回忆，就算是英语基础较弱的学生，借着这些提示词复述故事也不会太吃力。故事复述的目的是回顾文章结构和故事内容，同时加强词汇、词组和句型的运用，从而达到语言输出的目标。

2. 角色扮演

在时间充足的情况下，教师可以引导学生进行角色扮演活动。故事复述是站在旁观者的角度去说故事，角色扮演则是让学生亲身体会故事的发展。角色扮演是故事复述的延伸，学生需要在故事复述的基础上揣摩人物性格和内心活动，调动多元感官来体会，使英语学习变得更加直观、更有真实感。通过角色扮演，学生对人物的性格和故事发展有了更深刻的体会，能更好地通过英语来表现人物情感。

整体教学是对传统英语教学法很好的补充，它既强调英语教学材料的整体性，也强调语言形式和意义上的统一性。它使英语语言教学不再碎片化、孤立化，让学生不再忽视语言知识、语言技巧和思维发展之间的内在联系，而是通过主体化、结构化、活动化的整体教学，多角度多层次地从语篇分析中体会语句的含义，感受语言的运用，学会用英语去思考。教师要牢牢把握整体教学的指导思想，寻找丰富的现代教学资源，有创造性地去设计英语阅读课堂，促进学生英语学习能力的提高。

初中英语课堂听力问题的解决方法[①]

英语是一种语言，听说读写缺一不可，其中听又是排在首位。但因为缺少学习语言的环境，学生灵活应用英语的能力不强，听说能力更有待提高。因此，如何在课堂上有效提高学生听力水平是英语教师应该思考和探讨的课题。下面笔者谈谈初中英语课堂听力教学中的问题和解决方法。

一、初中英语课堂听力教学存在的问题

一般来说，影响英语听力的因素有两种：主观因素和客观因素。主观因素可以分为语言因素和非语言因素。语言因素是指语言学习能力以及外语文化知识的水平；非语言因素是指学习策略和情感态度等。针对这些因素，笔者罗列出四种教师在课堂听力教学中存在的问题。

第一，语言知识问题。语言知识包括语音、语调、词汇、语法等。这些是听力的基础和前提。如果没有掌握扎实的语言知识，就会对听力造成很大的障碍。语音是英语教学中的一大关键。在实际教学中，学生遇到的很多听力问题就与语音有关。如"fifteen"和"fifty"这一类的单词，很多学生听不出［tiːn］和［ti］之间的区别，就导致他们凡是听到这些单词，都不能区分它们的中文含义到底是十几还是几十。其次是语调。不同的语调包含着不同的含义。听的人可以通过语气、语调来判断说话的人的身份和意图，而这些很少会

---

① 文章来自广州市白云区江村中学教师沈雪梅。

有教师在课上提及。

第二，听力技巧问题。在听力教学中，教师缺少对学生听力技巧的培养会造成学生的听力障碍。有的学生习惯在听力开始的时候才浏览听力问题，一心二用，导致听力效果差；有的学生在听力过程中不会抓重点，在遇到某些听不懂的词句时就会忙于思考，影响接下来的听力；还有的学生缺少对听力内容的预测、猜测、判断、推理等。除此之外，还有的学生对听力内容的逻辑没有重视，听力中经常会出现一些表示转折、因果、并列等关系的词，如however、but、because等，这些词也是听力的关键。对于这些，教师在课上很少提及，即使提及也缺少足够的训练，不利于学生掌握。

第三，背景知识问题。学生在听听力时会碰到一些中西方文化碰撞的内容，如果学生没有一定的西方文化知识储备，有些听力内容就无法理解。很多学生仅从课本上了解西方文化背景，这远远不够。比如一些西方人常用的打招呼、道歉、感谢方式等，都是学生应该了解的。缺少了文化背景知识，会对听力造成很大的障碍。

第四，心理素质问题。很多学生在听力过程中常常会表现出焦虑等情绪。焦虑是一种负面情绪，会让人不安、担心、不自信等。学生焦虑，则会在听力过程中注意力不集中，导致听力效果变差。教师在课堂听力教学中要求学生在听力结束后立刻说出答案，当学生答案不对的时候，没有及时给予鼓励，会让学生更加焦虑。

二、解决问题的方法

第一，注重平时积累，打好语言知识基础。听力教学并非仅凭几节课就能显著提升学生的听力水平。为了有效提高学生的听力水平，教师需要帮助学生打下坚实的基础，并将听力训练融入每一节课中。在初一阶段，音标课尤为重要，因为只有准确掌握音标，学生才能正确读出单词。教师在日常授课时，应尽量使用英语教学，这对学生而言本身就是一种听力训练。学生可能在初期会感到听课有难度，为此，教师可以适当运用肢体语言和中文解释来辅助学生理解。同时，教师应重视学生的朗读练习，在朗读过程中有意识地纠正学生的发音错误。鼓励学生多跟录音朗读，并要求他们模仿录音中的发音和语调。此外，平时的词汇和语法教学同样不可忽视，它们也是提高学生听力水平的重要基础。

第二，注重课堂听力训练，运用必要的听力技巧。教师在上听力课时，不能只是单纯地播放听力，校对答案。答案是次要的，重要的是如何让学生提高听力效率。例如，牛津英语8B Unit 8的听力课是关于如何保护环境的。在听力开始前，可以先给学生看书本中的四幅图，让学生根据图片来猜一猜该如何保护环境，预测听力内容。然后，让学生阅读听力问题，推测可能的答案。最后，让学生开始听力。听力内容播放的次数可以根据难易度来决定，平时训练难的可以听三次，提醒学生第一遍不着急动笔，认真听全文，第二遍再根据问题来听关键词句，第三遍检测答案。还要提醒学生遇到不懂或听不清的内容时大胆跳过去，不要浪费时间。

第三，注重背景知识，掌握西方文化背景。在平时的课堂教学中，除了课本中介绍的西方文化，教师要有意识地增加部分相关的知识，让学生了解到东西方文化的不同。当然也可以在听力前先介绍一下听力中涉及的西方文化，帮助学生提高听力效率。

第四，注重心理问题，克服听力的心理障碍。教师要创造较为轻松的听力环境，不要一开始上课就直接放听力。可以先进行一些活动，帮助学生了解听力的大概内容，让学生做好心理准备。在听力过程中，遇到较难的内容可以适当暂停，给学生一些思考时间。不要直接指定学生说答案，可以让学生自己发言。对于没有听出来的学生，教师要多鼓励，让他们回答一些可以回答的问题，帮助他们树立自信。此外，也可以通过经常性的课堂听力训练来让学生习惯相应的节奏，从而克服听力的心理障碍。

物理课堂上探究式教学[①]

——以"串联和并联"一课为例

"串联和并联"这一知识在初中物理中占据着极其重要的地位，它对学生的学习具有重要意义。通过学习本课，学生能明确串、并联电路的基本概念与特征，理解两者的区别与联系，并能将其应用于实际生活中。但是，仅仅依靠教师的讲解或示范，学生往往难以深入理解并掌握知识。这就要求教师采用一种更为积极和主动的教学方法，即探究式教学。

一、引入问题情境，激发学生的学习兴趣

在对"串联和并联"这一概念进行教学时，我选择了一种与学生生活密切相关的情境作为教学的出发点。我站在讲台上，手里拿着一张电路图，向学生展示，并以一句引人好奇的话开始："在你的家中，你是否想过我们日常使用的电灯、电视机、电冰箱，它们是如何与电源相连的？是像一串珠链（串联），还是各自为政、互不干扰（并联）？"学生们顿时来了兴趣，小声地议论起来。一位同学说："我认为是像一串珠链，因为似乎有时打开一台设备，另外一台就会受到影响。"另一位同学提出了不同意见："我认为是互不干扰的，因为把其中一台设备关掉时，其他的都可以正常运作。"见同学们都很感兴

---

① 文章来自广州市白云区江村中学教师黄柳容。

趣，我笑了笑，接着说："很好，看来你们都很有想法。下面让我们举个简单的例子，更直观地了解这两种连接方式。"我用粉笔在黑板上画了一个表示一盏灯与一台电视相连的简易电路图，解释道："在这种情况下，灯和电视就像是一根线上的串珠。只要拉动一根线（通电），就会影响到所有的珠串（用电器）。因此，如果我们把灯打开，理论上讲，电视由于有电流流过也可能会有反应。反过来，如果我们把电视打开，灯也可能会有反应。"然后我顺势补充了一句："但是，在现实生活中，这样的例子并不多见。而并联电路，则是最常用的一种。"我在黑板上展示了并联电路的示意图，并说明："在这种情况下，每个用电设备都有各自独立的通路与电源相连。就像一户人家有一盏灯，开一盏灯不会影响其他家庭的灯。同理，在并联电路中，一个用电设备的运行状况，对其他用电设备都没有任何影响。"通过这些形象的实例和生动的讲解，学生能够迅速理解串联、并联的基本概念以及它们之间的区别。大家都很感兴趣，都想知道这两种电路的连接方式，以及如何更好地理解其特点与应用。在后续的课程中，通过实验的方式，学生对串联和并联的电路以及它们在生活中的应用有了更深刻的认识。

二、开展实验探究，体验操作过程

在学生初步理解串联与并联的概念之后，我引导他们进行实验探究。首先，详细讲解了电源、导线、开关、灯泡等设备的作用及使用方法。其次，明确了实验的目标与要求：让学生自己动手连接电路，观察并记录串联、并联电路中电流、电压的变化，从而深刻理解它们之间的区别。最后，在学生明确了实验所需设备及操作流程后，引导他们连接电路。

教学中，先让学生使用两个灯泡、一个开关、一个电源和一根电线连接闭合电路。然后，要求学生闭合电灯开关，观察灯泡的亮度并做好记录。他们惊奇地发现，两个灯泡串联后，亮度都降低了；拆下其中一个灯泡，另一个灯泡也不亮。教师抓住这个机会，引导他们思考原因，学生迅速发现，在串联电路中串联的用电器越多，对电流的阻碍作用越大，电流变小，灯泡的亮度也随之降低。随后，教师要求学生连接并联电路。在并联电路中，学生将两个灯泡并联到电源上，并使用一个开关控制整个电路。学生闭合开关后，发现两个灯泡都亮了起来，拆下其中一个灯泡，另外一个灯泡继续发光且亮度不变，彼此互不影响。通过分析，学生发现并联电路中各用电设备的电流是分开流过的，因此各设备独立工作而不会互相干扰。在教学实践中，教师鼓励学生多思考、多提问。对于学生在学习中遇到的困惑，给予耐心解答和引导。通过亲手连接电路并观察实验现象，学生更深刻地理解了串联、并联电路的特点与区别。

三、总结实验成果，深化知识掌握

在实验探索的氛围逐渐冷却后，引导学生进入总结阶段，让学生在回顾实验的基础上深化对串联、并联电路的理解。先将学生分组，让他们围坐一桌，互相交流并总结自己的体会。每个学生都拿出自己的小本子，分享自己的心得与发现。有的小组发现，在串联电路中，随着灯泡数量的增加，灯泡亮度逐渐降低，这是因为串联的灯泡的数量越多，对电流的阻碍作用越大，电流越小。学生通过分析电流与电压数据，验证了串联电路中电流处处相等、总电压等于各用电设备电压之和的结论。另一小组则专注于并联电路的研究。他们发现，在并联电路中，无论加入多少灯泡，只要电源供应充足，它们都能正常发光。这是因为在并联电路中，各用电设备的电压相同且电流分开流过，因此不会互相影响。他们用实验结果证明了并联电路中支路电压相等、支路电流之和等于总电流的结论。

在分组讨论后，请部分学生上台展示他们的实验结果。教师利用幻灯片、图表等形式将实验过程与结果清晰地呈现给学生，并对他们的研究成果进行详细阐述。学生们积极提问、讨论，课堂气氛十分活跃。在交流过程中，引导学生总结实验成果并提炼重要知识点，强调串联电路中各用电器相互影响、电流处处相等的特性以及并联电路中各用电器独立工作、互不干扰且电压相等的特点。在此基础上，教师提出一些新的思考方向，鼓励学生思考电路中电阻、功率等概念的影响以及如何通过改变电路参数来观察其对电路的影响。这种方式既能激发学生的思考能力，又能加深他们对电路知识的理解。

在教学中，教师鼓励学生大胆提问、勇于尝试新方法，并在实践中不断思考、探索和创新。例如，有一个小组的学生不仅达到了基本的实验要求，还尝试通过改变一些电路参数来观察它们对电路的影响。他们的探索精神让我深感欣慰，也让我意识到在今后的教学中应更加注重对学生创造力和动手能力的培养。

四、完善课堂评价，持续改进教学

课堂评价对于提高教师的教学水平和学生的学习效率具有重要意义。在课程结束后，教师要进行全面的教学评价。在评价过程中，要特别注重对学生科学探究能力的培养。一方面，要求学生反思自己在课堂上的表现：是否真正理解了串联、并联电路的基本概念？是否掌握了实验操作技巧？是否表现出了科学探究精神？通过反思，学生可以清晰地认识到自己的优点与不足，并为下一步学习指明方向。另一方面，组织互评环节，让学生分组交流并分享自己在实验探索中的观察、发现、亮点及改进之处。这种互相评价不仅促使学生互相学习，还锻炼了他们的团队协作与交流能力。

在评价的基础上，教师要对自己的教学过程及教学方法进行深刻反思。首先，我认识到在教学过程中需要更加细心和耐心，以确保每个学生都能真正理解和掌握基础知识。其次，我也意识到在引导学生进行思考与讨论方面还存在不足，需要更加注重调动学生的积极性和创造力。为此，我打算在实验前做好充分的预习工作，让学生明确实验的目的、步骤及注意事项。在日常教学中更加注重学生的参与，鼓励他们积极发言，提出自己的见解，从而培养他们的思考能力和创新精神。此外，我将更加关注学生的作业情况，及时检查和纠正学生的不规范作业，确保他们能够按照正确的方法和步骤进行学习，避免形成错误的习惯。最后，在课后反馈环节，更加关注学生的交流，主动了解他们的学习情况和需求，听取他们的意见和建议，以便为他们提供更有针对性的教学服务，进一步提升教学效果。

通过"串联和并联"一课的探究式教学实践，我深刻体会到探究式教学的优势和价值。它不仅激发了学生的学习兴趣和动力，提高了他们的探究能力和创新思维，还让他们在实践中深化了对电路知识的理解和掌握。同时，这种教学方式也让教师更加关注学生的主体性和参与性，更加注重培养学生的综合素质和能力。

互联网背景下中学物理教学的创新[①]

在互联网背景下，中学物理教师需要加强学生对物理知识的获取、对问题的探索和解决能力，以及对物理知识的实践运用能力。这样做不仅能够弥补传统教学中的不足之处，还能够满足学生的学习需求，加强学生的物理实验能力，并且在提升学生的学习能力的同时，提高中学物理课堂的教学效率。

一、对问题情境进行创设

新课标教学主要倡导多样化的学习方式，包括多渠道、多角度的学习途径，以及多交流、多体会和多合作的学习体验。这些方式实质上都是鼓励学生通过自主探究的方式来获取知识。在中学物理教学中，利用互联网不仅可以弥补传统课堂教学的不足，为物理教学提供更多与教学知识相关的事例，还能通过多媒体手段创设合适的问题情境，使学生能够利用互联网资源有效解决问题。比如，教师在教学"机械运动"这一课时，可以利用互联网将"飞行员在空中对子弹进行抓取"的动画展示出来，并让学生思考"飞行员为何会拥有这样的本领"，通过这种问题情境的创设，让学生产生浓厚的学习兴趣。在集中学生注意力的基础上，教师通过增强学生的课堂参与度，可以有效促进学

---

① 文章来自广州市白云区江村中学教师刘远峰。

生自主学习能力的培养,进而实现学生知识面和信息量的有效拓展。此外,教师还可以指导学生利用互联网查找和筛选自己不懂的物理知识,并鼓励他们在课后与其他同学分享和交流。这样的做法不仅能够激发学生的学习兴趣,还能培养他们的合作学习能力,从而在新课标和新理念的指导下,促进学生的综合发展。

二、对物理实验情境进行模拟

物理是一门以实验为基础的学科。对于中学物理教学而言,实验教学是其中最为重要的环节,其特点是丰富多彩且生动有趣。然而,在实际教学中,许多物理教师并未充分利用实物模型教具来开展实验教学,这导致学生难以有效接受和理解相关知识。针对这一情况,物理教师在进行教学时应当利用互联网,模拟出相关的实验情境,以此丰富课程内容并增强学生的学习兴趣,实现学生对物理知识的实验探究学习。

首先,教师需要指导学生对物理知识进行预习,确保学生在预习过程中了解并掌握实验所需的基本材料和步骤。其次,教师可以引导学生利用互联网资源查找和收集实验所需的材料,并深入理解实验的原理。再次,教师可以利用多媒体技术对实验进行模拟演示,特别是对于一些高难度实验,可以通过互联网完成模拟操作。教师还可以利用互联网资源来弥补常规实验仪器可能存在的不足,确保实验的顺利进行。最后,教师需要充分展示最终的物理实验效果,以帮助学生更好地理解和掌握物理知识。比如,教师在讲解"分子运动论"这一知识时,由于学生无法对物质内部分子的运动进行观察,如果教师只是口头讲解,学生根本无法对其进行有效理解。为此,教师就可以利用多媒体,模拟分子运动和碰撞的实验过程,让学生对分子的运动过程有充分的观察和感受,进而加强学生对此知识的理解,提高学生的学习效率。

三、对学生进行知识检测

在中学物理教学中,对学生进行知识检测是教学流程中一个不可或缺的环节。从知识检测的角度出发,互联网技术能够提升这一环节的效果。互联网技术的强大交互性能够加强对学生的感官刺激,进而在培养学生的学习兴趣的同时,有效提升学生的知识记忆能力和知识理解能力。然而,在实际运用互联网技术进行知识检测时,教师需要特别注意避免陷入"题海战术"的误区。相反,教师应充分利用互联网技术的多媒体特性,如声音、图形、图象和视频等,来模拟最真实的物理现象。这样不仅能够帮助学生更直观地理解和掌握物理知识,还能提升他们的学习兴趣和参与度。比如,以"惯性—惯性现象"进行知识检测时,教师可以先通过互联网技术展示一段"飞机投掷救灾物资"的动画,然后引导学生运用本节课所学的惯性知识,思考并讨论"为什么飞机需要提前对救灾物资进行投掷"。学生回答问题之后,教师再播放"飞机在目标上空投掷物资后产生的后果"的视频。这样既能够加深学生对惯性现象的理解，又能锻炼他们的思维能力和问题解决能力，从而检验学生的学习成果。教师通过这种方式进行知识检测，不仅能够在提高学生学习效率的同时，提升他们的学习能力和物理实践能力，还能够使物理教学更加生动有趣，激发学生的学习兴趣和积极性。

四、提供丰富的物理教学资源

互联网不仅能够将原本相对封闭、孤立的课堂教学环境转变为丰富的学习空间，还能显著扩充教学知识量。为此，教师在进行教学时，可以利用互联网来打破知识来源的局限性。通过这样的方式，学生在学习到更为广泛的知识内容的同时，能够拓宽思维视野，并接触到多元化的观点。实践证明，互联网是扩展学生和教师信息源的有效途径。在浏览各种专业网站时，教师和学生能够便捷地获取该学科领域的最新动态和信息，这为提升教与学的质量提供了强有力的保障。因此，教师在设计教学活动时，应充分利用网络上的丰富信息资源，将最新的、具有吸引力的信息融入教学中，以激发学生的学习兴趣，提升教学效果。通过这样的方式，教师和学生能够共同构建一个开放、互动、充满活力的学习环境。

总而言之，互联网教学能够拓展学生的思维，进而提升中学物理教学效率。因此，中学物理教师需要更加积极地应用互联网，在进一步增强学生学习能力的同时，有效实现中学物理教学目标。

从音乐课堂中发现影响青少年心理发展的因素[1]

初中生正处于人生的重要转折阶段，此时他们的世界观和价值观初步形成，是实施美育的关键时期。当代青少年是具有鲜明个性和想法的一代。由于现代家庭的生活负担相对减轻，这在一定程度上影响了青少年的心态，使得他们普遍缺乏强烈的竞争进取意识，对学习也失去了应有的兴趣和激情。因此，在音乐教学中，我们可以充分利用美育的特殊效应，以此作为促进当代青少年心理发展的积极因素。

美育通过审美的方式来感化学生的身心，使之净化、升华和提高。音乐教育是美育的重要方面，它不仅教学生学习唱歌，还培养学生丰富的想象力和生动的表现力；能够陶冶学生的性情，培养审美情趣，激发学生热爱生活、追求真、善、美的热情，使学生具有正确的人生观和远大的理想。因此，音乐教育是开发学生智力的最好形式之一。

---

[1] 文章来自广州市白云区江村中学教师易纯珣。

然而，我在教学生涯中却遇到过不少对音乐学习不感兴趣的学生。兴趣是最好的老师，学生有了学习音乐的兴趣，才会对学习音乐产生强烈的需要，积极地投入学习。然而，怎样提高学生学习音乐的兴趣呢？经过了长久的思索与教学实践，我总结出了以下几点经验：

第一，用创新和师爱激发学习兴趣。正所谓"亲其师，信其道"，首先，教师必须尊重、关爱每一名学生，善于发现学生的点滴进步，善于用亲切的眼神、细微的动作、和蔼的态度、热情的赞美等来缩短师生心灵间的距离，培养学生的自信心。这样，学生也会热爱、尊敬教师，爱上这样的教师所教的那门课。如果学生对某位教师没感情，师生关系不融洽，他们就会对这门功课不感兴趣，从而影响这门课的学习。其次，教师要有丰富的知识和精湛的授课技艺，以满足学生的道德要求和精神需要，使他们对学习充满浓厚的兴趣，积极去鉴赏、品味、思索，并获得各方面的启迪。最后，教师要热爱自己所教的学科，深入挖掘教材和研究学生的心理发展状况，以最简洁和富有感染力的语言进行教学，使所教内容成为学生的兴趣中心，从而有效地提高学生的学习兴趣。

第二，用积极的评价鼓励学生。每个人都渴望成功。成功能给人自信，促人奋斗，催人进取。音乐教师在教学活动中要及时肯定、鼓励学生，激发他们学习音乐的兴趣和信心。学习兴趣的激发或维持往往都少不了外界的评价。俗话说，"良言一句三冬暖"，特别是在学生没有信心的时候，教师更应该适时地鼓励并给予其最大的帮助。只要学生有一点点的进步，就要给予其肯定。这种鼓励不仅仅要体现在课堂上，也要体现在学生的课外兴趣活动上。比如，在音乐课上，我非常重视给每一个学生展现和锻炼自己的机会。尤其是对于那些不太爱学习的学生，我在课上会多让他们回答几次问题，学了新歌后也让他们上台给同学们演唱并且给予他们鼓励的话语，如"你学得真快！""我很喜欢你！""真高兴你有如此表现！"等。这些看似普通的话语，用在这类学生身上也许就能激发他们学习的信心，并且让班里的其他学生一视同仁地对待他们。

第三，用优秀的作品激励学生。初中生有很强的模仿欲和模仿能力，他们对音乐的兴趣也与他所接触到的音乐作品有极大的关系。好的音乐作品可以激起学生的创造或表现欲。教师应该提供尽量多的优秀的音乐作品，开阔学生的视野，激发他们的兴趣。虽然音乐课本中的欣赏课选取了大量的优秀作品，但是那些还不够，教师还需要提供给学生更多的优秀作品。当然，值得学生信赖和崇拜的还是教师的音乐素质。教师通过各种演出向学生展示自己的技艺，不但会让学生很欣赏，而且会树立教师的威信。因为教师的形象值得学生去学习和借鉴，学生才会崇拜教师，进而受到教师的熏陶和感染，并自觉地以教师为榜样进行学习。

第五章

重织数字化校家社育人网络

第一节　数字化校家社育人模式创建

　　随着社会进步和教育理念的更新，学校、家庭、社会三方协同育人已成为教育极为重要的一环。近年来，我国出台了一系列举措，构建学校家庭社会协同育人新生态。如2023年1月，教育部等十三部委联合发布了《关于健全学校家庭社会协同育人机制的意见》。其中提出，到2035年，形成定位清晰、机制健全、联动紧密、科学高效的学校家庭社会协同育人机制，并明确学校要充分发挥协同育人主导作用、家长要切实履行家庭教育主体责任、社会要有效支持服务全面育人。学校家庭社会协同育人机制事关学生健康成长和全面发展，我们需着重强调这三方力量的紧密融合与携手并进，为学生的全面成长提供坚实保障与有力支撑。

　　开发教育资源是现代教育的一大特点，仅凭传统的学校教育无法实现现代教育的目标。为此，要实现教育效能最大化，必须打破学校和社会的界限。而数字化技术可以为校家社共育提供更加便捷、高效的支持，江村中学依托数字化技术，以学校为主体、以家庭为根底、以社会为平台，努力构建"三位一体"的教育网络，共同营造有利于学生健康成长和全面发展的良好环境，探索具有"互联网+家庭教育"特色的教育模式。

　　要让更多家长受益并促进社会共同参与教育，选择恰当的方式显得尤为重要。近年来，江村中学依托数字化技术，以数字化教学与管理应用为抓手，以"党建引领，信息赋能，家校共育，协同发展"为工作思路，以"互联网+家庭教育"为智慧教育特色，通过互动沉浸式课例展示、现场实例展示、"家庭雕塑"、专家讲座、沙龙研讨等方式，采用"线上直播+线下展示"相结合的形式开展协同育人，极大地拓宽了家长和社会的参与面。这一举措使得学校的校家社共育的效果更为显著。目前，江村中学已逐步构建起"互联网+家庭教育"的育人模式，并赢得了家长的认可，取得了良好的社会效益。

一、推进数字化建设，拓宽校家社协同育人空间

江村中学是一所位于城乡接合部的乡村学校，物质资源相对有限。为了有效实施校家社协同育人的策略，学校积极寻求外部支持，充分借助企业及社会爱心人士的资助，并在上级教育行政部门的悉心指导下，充分利用现有的设施设备资源，大力推进硬件设施的改善与数字化建设进程，以期为学生创造更加优质的学习环境，拓宽校家社协同育人空间。

（一）打造一体化数字化应用平台

随着企业微信、钉钉等办公软件的兴起，无纸化办公成为实现工作流程线上化的关键。在以往，文件通知等内容需要印发后进行纸质文件的流转，纸张浪费相当严重。实际上，纸张浪费是次要的，更重要的是效率不高。为此，学校以企业微信为基础平台，整合各类平台软件，打造了学校一体化数字化应用平台，实现了党建引领、行政办公、德育教学、工会后勤、家校协同、学生综合评价等一体化管理，真正实现了无纸化办公。

以公文流转的使用来说，以前接到上级发下来的文件，办公室会打印出来进行传阅，纸张浪费严重。自从在企业微信中设置公文流转之后，发布的文件内容跟哪个部门相关，校长会设置对应的负责人进行查看实施，不需打印再同步流转，节省了很多的时间。又如请假、学生放行、教师外出、申领物资等日常各类审批流程，也实现了线上化管理。

通过使用企业微信进行线上化工作流程的搭建，学校教师整体的数字化水平都有了很大的提高。教师们可以自发研究一些软件用于日常的工作，如使用线上化的工具进行考试，客观题自动批改，主观题在手机上批改，从而使工作效率逐步得到提升。企业微信对于江村中学而言，是汇聚了学校的各种数据与资源的数字化大平台。

此外，公众号与微官网同步运行，构建校家互动平台，实现了学校宣传系统化，拓宽了校家沟通的渠道；初步搭建学校数字孪生校园，实现学校安全管理无死角；所有的信息归口到一个软件上，搭建个性化系统，形成数据看板，为校家社协同育人构建数字化育人环境。

（二）打造多功能综合数字化教育基地

2023年，江村中学建成了集专家讲座、校长讲堂、心理健康、特殊教育、思政学校、校园电视台、无感知人工智能课堂于一体的多功能综合数字化教育基地——家校活动中心（家校讲堂）（图5-1）。在家校活动中心的空间里，

一部手机可以进行灯具、空调、音响、大屏的一键控制，LED 大屏可以进行分区设计，满足横幅、直播的需求，通过大屏可将家校讲堂的整个活动同步到其他学校进行直播，辐射更多的学校及家长。不仅如此，还可以通过录制的形式将会议的资源同步到线上，让更多的家长学习。

图 5-1　家校活动中心

学校利用家校讲堂，邀请相关专家开展了一系列家校共育活动，内容涵盖心理健康教育、学生学习方法指导、父母讲堂等。父母讲堂是学校推行的一种深受学生家长喜爱的校家社协同育人方式。通过这种方式，父母能够更深入地理解孩子，进而建立起和谐亲密的亲子关系。2022 学年（2022 年 9 月—2023 年 8 月），学校用"互联网+"的形式开展家庭教育共计 12 次（图 5-2），着力推广成功的家庭教育经验，构建学校、家庭、社会和谐交流的平台，实现三者的良性互动，普及科学有效的学习方法和手段，助力学生健康成长。

图 5-2　"互联网+家庭教育"系列活动剪影

2023年2月20日，江村中学与广东省现代家庭教育研究院共同建立了全省首个"校家社协同育人"家庭教育校园阵地，并被授予了"家长学校示范校"称号（图5-3）。学校以此次契机为动力，积极汇聚更多优质的家庭教育资源，并充分发挥校园这一关键阵地的作用，建立体系化的校家社协同育人工作机制，通过线上与线下相结合的形式，广泛开展各类活动，让更多的家庭受益，为学生营造一个更加良好且全面的成长环境。学校整合社会公益资源，充分利用"家校大讲堂"平台，不定期地聘请省内外教育专家举办各类专场讲座。"家校大讲堂"平台发挥其影响力，广泛传播学校教育与家庭教育中的优秀方法和经验，旨在让更多的家庭和孩子受益于家校联动的成果。这一系列校家社共育活动的成功举办，让学生、家长以及社会人士均给予学校的校家社共育工作高度认可和一致好评。

图5-3　学校被授予"家长学校示范校"称号

（三）打造"松品润心"学校家庭教育指导中心

"互联网+家庭教育"作为新时代背景下的一种创新教育管理模式，是江村中学松品教育理念可视化体系中的一大特色，它将互联网的便捷性、丰富性与家庭教育的个性化、深度性相结合，通过互联网平台为家长提供海量且专业的教育资源，如通过"松品润心"学校家庭教育指导中心进行在线课堂展示、教育讲座、育儿经验分享等，从而提升家长的教育素养和亲子沟通能力。

以"松品润心"学校家庭教育指导中心所开展的"互联网+家庭教育"课堂展示活动为例，该活动以"青少年问题背后的根源"这一主题讲座为核心内容，通过现场雕塑家庭个案与远程互动相结合的方式，打造了一场生动、高效且充满智慧的家庭教育课堂。值得一提的是，此活动创新性地采用了

"双师制"教学模式,即结合"线上专家引领"与"线下助教辅助"的模式,旨在借助线上线下的深度融合,进一步深化家庭教育的理念,并有效提升家长的教育能力。

通过"互联网+家庭教育"的智慧教育活动,江村中学不仅深刻改变了部分传统家庭教育的面貌,还为学校与家庭之间搭建了一座无缝对接的桥梁,共同促进学生的全面发展。

二、开展系列化活动,发挥校家社协同育人作用

学生的心理健康问题是家长和教师共同关注的焦点。这些问题往往源自亲子关系的不和谐,而亲子关系的不和谐又常与夫妻关系的不和谐紧密相关。为了有效推动《家庭教育促进法》的落地,切实帮助家长解决教育子女过程中遇到的痛点问题,江村中学积极推广"互联网+家庭教育"课堂展示活动,通过直播或专题课堂等形式,尽可能广泛地覆盖全社会的家长。

通过开展"互联网+家庭教育"系列化活动,江村中学与广大师生家长实现了同"屏"共振。同时,江村中学还吸引了其结对帮扶的贵州省平塘县第二中学、英德市石牯塘镇初级中学,以及广州市白云工商技师学院、南沙区教育发展研究院,还有区内、市内的兄弟学校等几十个单位到校参观学习。学校利用家校讲堂这一窗口,与镇内的联盟学校——江村小学、中心小学、江村幼儿园,携手开展了系列家庭教育与教学研讨活动,如专门为家长开设了针对3~15岁孩子心理健康的育儿教育课程,实现了一教育的联合互动,增强了中小幼学段的衔接。

(一)互动沉浸式公开课剖析学生心理问题

学校邀请心理学教育专家张慧萍与校长一起采用"双师制"教学模式,以"青少年问题背后的根源"为主题,面向全市学校进行了家庭教育公开课展示活动。

第一,"双师制"教学。①线上专家引领:邀请心理学教育专家张慧萍老师作为线上主讲教师;提前录制短视频或准备讲解 PPT,作为预习材料提供给家长,帮助家长提前理解课堂主题,从而提高他们在课堂上的参与度;使用高清直播技术,确保远程参与的家长也能清晰看到现场演示,实时接收专业指导。②线下助教辅助:每个参与家庭配备一名线下助教,负责现场指导家长模拟表演,协助专家进行点评和剖析。助教须具备心理学或家庭教育背景,能够灵活应对现场突发情况,确保活动顺利进行。

第二，家庭个案展示。①多场景模拟：为了更全面地帮助家长理解不同家庭问题场景下的根源，在夫妻吵架场景的基础上，课堂增加了亲子冲突、代际沟通障碍等多种家庭问题场景的模拟。以一家四口为例，课堂设计了以夫妻吵架为切入点的情景剧，通过展示"指责、讨好、打岔、超理智、一致"这五种不同的沟通方式，直观地展现了夫妻关系的不同处理方式对孩子性格形成的直接影响。这样的设计使家长认识到，家庭教育中夫妻之间的关系状态，对孩子的成长具有不可忽视的作用，从而引导家长学习更加积极、健康的沟通方式，以促进家庭和谐与孩子的健康成长。②角色扮演深化：为了让家长更深入地理解家庭问题的复杂性，张老师鼓励家长在活动中深入角色，通过情感投入和真实反应来展现家庭中的种种挑战。在这一过程中，张老师适时引导家长进行换位思考，让他们能够体验并理解不同家庭成员的感受与立场。在情绪冲突发生时，采用"积极暂停"的策略，能够帮助家庭成员在情绪激动时避免冲突的进一步升级。这样的活动设计，能让家长学会更加成熟和建设性地处理家庭矛盾。

第三，互动与反馈。①实时互动问答：利用在线平台设置问答环节，家长可随时提问，张老师及助教团队快速响应，为家长解答疑惑；同时，邀请部分家长分享自己的教育经验或困惑，形成良好的交流氛围。②远程家长连线：增加与英德市石牯塘镇初级中学等学校的远程连线次数，扩大互动范围，让更多家长受益。张老师对家长的远程提问，提供针对性的建议和策略。

第四，智慧课堂技术融合。①智能数据分析：利用大数据分析技术，对家长的学习行为、参与度及反馈信息进行收集和分析，为后续的课程设置和教学策略调整提供依据。②数字资源精准推送：根据家长的个性化需求和学习进度，智能推送相关家庭教育资源，如电子书、视频课程、案例分析等，供家长自主学习。③沉浸式学习环境：运用VR或AR技术，创建家庭问题模拟场景，让家长身临其境地感受问题根源，提升教学效果。

第五，持续跟踪与反馈。①建立家长社群：活动结束后，建立线上家长社群，定期分享家庭教育资讯、成功案例和专家讲座，保持家长之间的持续交流和学习动力。②定期回访与评估：对参与活动的家长进行定期回访，了解他们在家庭教育中的实践情况和改进效果，收集反馈意见，不断优化教学内容和方法。

（二）专家系列讲座促进学生全面成长

学校多次以"互联网+"的形式举办校家社协同育人的专家讲座活动，

讲座的内容涵盖了家庭教育的内涵、学生的学业成绩、学生的生理与心理健康问题（包括情绪管理等）、亲子关系以及夫妻关系等多个方面。

1. 关注家庭教育对学生学业成绩的影响

在讲座上，广东省现代家庭教育研究院院长刘良华教授对《中华人民共和国家庭教育促进法》的相关政策进行了详细解读，并聚焦幼儿园、小学、初中与高中等各个教育阶段，围绕家长普遍关注的学生成绩问题，深入探析了校家社协同育人的底层逻辑。通过这一分析，刘教授帮助家长们更好地理解了家庭教育的功能和重要性，同时也为家长们提供了丰富的家校共育方法，以促进学生的全面发展。

2. 关注学生的心理健康与优秀学习品质的培养

学校先后两次邀请专家开展讲座，均邀请了广东省现代家庭教育研究院副院长阮红英和北京大学"成功家庭教育"课题组研究员万首坤出席讲座。

在第一次讲座中，阮红英老师紧密结合时下社会热点话题，深刻分析了家庭教育缺失所带来的危害。她围绕"家庭教育的重要性""孩子心理健康状况的识别"以及"校家社共育"这三个方面，向家长们发出了关注孩子心理健康的强烈呼吁。万首坤老师则着眼于孩子的成长规划，为培养优秀孩子精心准备了"三大锦囊"。家长们与学生们积极配合，认真聆听，现场反响异常热烈。

在第二次讲座中，阮红英老师和万首坤老师分别以"从心出发、轻松迎考"和"提升内驱力、成为更好的自己"为题，为家长和学生提供了实用的学习方法。此外，两位老师还为家长在家中如何有效指导和督促孩子学习指明了方向，帮助家长更好地履行教育责任。

3. 关注学生情绪的变化与心理疾病的关系

学校邀请了广州医科大学附属脑科医院的陆小兵教授，以"情绪的失调是一种疾病吗？"为主题，为师生及家长开展了一场别开生面的讲座。陆教授运用生动幽默的语言，由浅入深地引导大家从认识情绪入手，逐步深入了解情绪障碍的形成原因、临床表现以及有效的应对方法。此外，学校还与广州医科大学附属脑科医院展开了合作，充分发挥学校与医院在育人方面的协同作用，作为合作的一部分，医院为部分学生提供了公益健康筛查项目，旨在进一步关注学生的身心健康，为他们提供更加全面的关怀与帮助。

（三）专家沙龙研讨赋能家庭教育

以广州市第二届智慧教育成果巡展江村中学专场活动为例，该活动以

"线上直播+线下展示"的形式,以"数字化教学与管理应用,家校共育,协同发展"为主题,在江村中学的家校大讲堂举行。来自不同单位的6位家庭教育与信息化专家齐聚一堂,就家庭教育与信息化等议题展开了热烈讨论。专家们普遍认为,教育数字化建设与家庭教育的融合是一种创新实践。通过此次"互联网+家庭教育"活动,专家们共同探讨了未成年人家庭教育的方式,旨在引导父母学习家庭教育知识。同时,专家们就信息赋能教育提出了建设性意见。在实施"双减"政策的背景下,推进智慧教育是提升办学质量的重要途径之一。聚焦课堂研讨,促进课堂创新,积极推动教育信息化融合创新发展,从而有效提升校家社共同育人的效果,确保真正将"立德树人"的根本任务落到实处。

三、完善三级化管理,健全校家社协同育人机制

为深化新时代教育评价改革,江村中学坚定不移地立足学校实情,以服务学生为根本,致力于推进"双减"政策落地生根,全面落实"立德树人"这一根本任务。在育人工作中,学校突出乡村特色,着力解决学生面临的问题。在构建协同育人机制的过程中,育人是核心,协同是关键,机制是保障。

近年来,江村中学遵循"目标一致,关系协调,责任共担,功能互补,机制共建"的思路,以补齐家庭教育短板为核心,全链条推进校家社共育工作,积极构建学校家庭教育指导服务体系。在这一过程中,学校逐步探索并建立了校家社共育的三级化机制,促使学校、家庭、社会三方能够同频共振、协同育人,从而形成了新的教育格局。

(一)心理健康+德育赋能——"双轮驱动"活动

"心理健康+德育赋能"的"双轮驱动"活动是为了达到以下目的:第一,帮助学生调整心态,让学生对学习满怀期待、对未来充满信心;第二,向学生提供情绪调适、人际交往、学会学习、生命与成长等课程资源,帮助学生形成积极的心理和健全的人格;第三,充分开发学生潜能,提升教育教学质量;第四,培养学生积极乐观向上、具有正能量的心理品质。

借助家长和学生的共同参与,学校以学期为单位进行主题活动的设计。首先,确定每个学期的不同主题名称;接着,明确主题活动的设计理念;最后,制定主题活动的设计目标。表5-1简单呈现了七年级第二学期的主题活动内容。

表5-1 七年级第二学期心理健康教育主题活动

主题名称	主题活动设计理念	主题活动设计目标
尊师善相处——顺应	学生往往是先喜欢教师，再喜欢教师所提供的教育。他们很注重对教师的整体感觉是"喜欢"还是"不喜欢"，然后决定对教师的教育是"接受"还是"不接受"。	1. 学会主动沟通，提高学习生活质量。 2. 学会多角度考虑问题，感悟生活中的辩证法，守住"不拿学习赌气"的底线。
同室不操戈——克制	中学阶段是学生长身体、长知识、长智慧的时期，也是其道德品质与世界观逐步形成的时期。在这一时期，初中生面临着生理、心理上的急剧变化，很容易产生心理上的不适应，同学之间往往会为一些小事而引发语言冲突，甚至是肢体冲突，造成多方面的危害。	1. 要拥有一颗宽容之心。 2. 学会用更积极、冷静的回应方式来替代冲动型行为。 3. 体验尊重和体谅别人给自己内心带来的安宁。
道歉和让步——和解	中学阶段，学生正值青春发育期，身心发展不同步，心理成熟水平落后于生理水平。在人际交往中突出的特点是：过分强调自我，自我中心现象严重。他们在人际沟通方面缺乏换位思考，不能理解对方的感受，容易说出让对方难以接受的话语。	1. 明白和谐的人际关系能够帮助我们提高学习、生活质量。 2. 主动尝试换位思考，从而关注自己的行为举止，学会多角度与他人沟通、和谐相处。

（二）多方协同打造"松品润心"学校家庭教育指导中心示范校服务体系

学校充分利用广东省现代家庭教育研究院等相关单位或有关专家的资源，开展家庭教育理论、标准的研究和推广应用，组织家庭教育学术交流和公益性活动，建立基于各年龄育儿阶段的系统化、专业化的"松品润心"家庭教育指导服务体系。"松品润心"系列内容如表5-2所示。

表5-2 "松品润心"系列内容

序号	建设内容	服务对象
1	"润心家长""润心家庭"家庭教育志愿者队伍建设	班级家委及家长志愿者

续表

序号	建设内容	服务对象
2	"关注家庭教育，创建美好家校"——家庭教育大讲堂	在校学生家长
3	社会实践活动：亲子户外活动、公益实践活动	在校学生及家长
4	家长问卷调查、学生心理筛查	在校学生及家长
5	个体、家庭辅导	单独的学生和学生家庭

其中，"润心家长"家庭教育志愿者队伍不仅是学校教师的得力伙伴，更是广大家长与学校之间搭建起的"新桥梁"。该队伍的建设采用了三级联动的形式，具体划分如下：三级主要涉及家庭教育科普及探索家庭沟通；二级聚焦于有效沟通、学习冲突管理、多维理解人际关系等更深层次的内容；一级则涵盖了家校边界的明确、青少年心理危机的应对以及家校共同体的构建等关键议题（图5-4）。

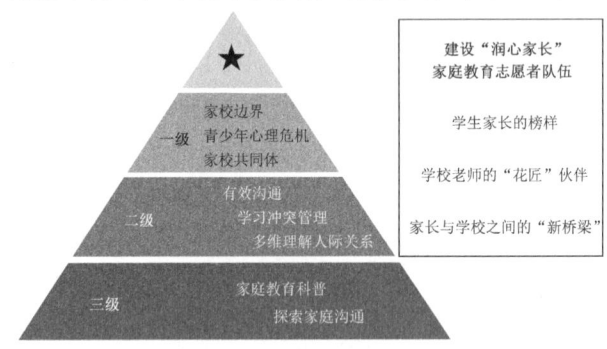

图5-4 三级联动示意图

家长学校课程采用分等级的方式对家长进行评价，评价分为A、B和C三个等级，评价内容具体见表5-3。

表5-3 家长学校课程对家长的评价内容

评价指标	评价等级		
	A	B	C
家校合力	关心学校，了解学校，积极参与学校教育教学常规管理工作，与学校教育形成合力，对学校工作提出建设性的意见，实施监督	关心学校，了解学校，能够参与学校教育教学常规管理工作，与学校教育形成合力，对学校工作提出建设性的意见	关心学校，了解学校，能够参与学校教育教学常规管理工作，协助学校做好管理的事宜

续表

评价指标	评价等级		
	A	B	C
家校沟通	积极搭建家校沟通的桥梁，日常观察了解学生、教师、学校的情况，积极与学校、教师共同商议学生成长中的各类问题，家校沟通畅通，家庭与学校教育观念一致、目的一致、行动一致	搭建家校沟通的桥梁，日常观察了解学生、教师、学校的情况，能与学校、教师共同商议学生成长中的各类问题，家校沟通畅通	搭建家校沟通的桥梁，家校沟通的途径畅通。家校沟通不越位，遇到问题会第一时间与教师友好沟通
活动参与	积极参与学校组织的家校活动，在活动中认真学习、乐于体验、有所感悟。能够在活动中认识到如何更好地与孩子沟通和相处，跟孩子共同成长，努力成为优秀的父母	乐于参与学校组织的各种家校活动，在活动中认真学习、乐于体验。能够在活动中认识到如何更好地与孩子沟通和交流，跟孩子共同成长	参与学校组织的各种家校活动，认真参与、乐于在活动中学习。能够更好地跟学校沟通，更好地跟孩子相处，了解孩子

江村中学通过一系列育人措施，创新了乡村学校的育人模式，不仅拓宽了教育途径，还改善了农村区域的家庭教育环境。这些努力进一步提升了学校、家庭、社会协同育人的效果。学校通过构建以学校教育为主的沟通渠道，充分挖掘并利用社会资源，确保学校教育与家庭教育能够紧密联动。这样的联动机制让家长更加信任学校、信赖教师，从而能够与学校的教育保持高度一致。归根结底，只有当学校、家庭、社会三方实现联动，形成三位一体的教育体系时，才能真正意义上达到教育的最佳效果。

第二节 数字化教育模式的区域协同

推进乡村教育数字化转型，不仅是落实国家教育数字化战略行动的内在要求，也是建设教育强国、推动城乡义务教育一体化发展、实现乡村教育全面振兴的必然选择。针对江村中学信息化基础设施相对落后、教师信息化教育教学水平不足的情况，近几年，学校采用数字化家校协同管理的方式，以本校为基本单位，从点、线、面上实现校家社建联，构筑区域协同管理，取得了良好的成效。

一、点：以本校为基本单位，实施数字化校家协同管理

为了促进学校数字化校家协同管理的可持续性发展，学校以自身为基本单位，在校内积极实施这一管理模式。关键在于，要让家长深切感受到学校推行协同管理的坚定决心，并激发他们的积极性，使他们能够主动配合学校的各项工作。通过这样的努力，数字化家校协同管理在学校中得以有效运行并持续发展。

第一，借助智能平台，加强合作与交流。学校利用"学加家"和希沃白板将管理者、教师、学生、家长等聚合在一起，促使他们通过协调、沟通，共同参与课堂教学、教学资源、教学研究、学生学习、综合评价和学校管理等各个板块的活动。

第二，采取"互联网+"的手段，线上、线下结合，开展一系列校家社协同数字化育人活动。在开展主题活动期间，学校先要搞清楚农村家庭面临的最大问题是什么，然后有针对性地设置相应的主题活动。这样，家长的配合度才会更高，他们参与活动的兴致也更为浓厚。例如，农村家庭面临的最大问题是大量留守儿童的心理健康问题，以及农村家庭教育问题。围绕学生心理健康问题，学校开设了网络专题讲座，请专家围绕学生生理心理健康、亲子关系、夫妻关系等问题进行讲解。在课程中，专家给家长支招：在情绪冲突发生时，家长可采用"积极暂停"法，待孩子内心平和后，再进行交流，如此效果便会更好。在该讲座上，部分家长还进行了现场连线或上传视频，专家结合其提供的具体情况分析孩子是否存在情绪障碍，分析这种情绪障碍形成的原因是什么，并给家长介绍应对方法是什么，以消除家长的困扰。讲座结束后，学校根据专家讲述，又制作了一些与家庭教育有关的多媒体课件，用图文并茂的形式指导家长如何与孩子沟通，怎样辅导孩子学习，如何激发孩子学习的自主性。

第三，基于数字化家校协同管理打造本校亮点——开展"互联网+家庭教育"的智慧教育。为了培养时代需要的人才，并更好地开展教育数字化转型工作，学校重点打造了家校活动中心——"家校讲堂"。"家校讲堂"中，学校邀请相关专家开展了心理健康教育、学生学习方法指导、父母讲堂等一系列家校共育活动。

在科学共育思想的引导下，学校要更积极地搭建家校之间的交流平台，实现良性互动，从而更好地培养社会发展所需要的人才，助力学生健康成长。

二、线：校家社三级建联，建立"互联网+"互动机制

在数字化时代，校家社协同育人应该在明晰协同责任的基础上，进一步搭

建交流平台，组织专业培训，加强资源共享，从而形成学校、家庭、社会之间的立体互动，构建科学的育人机制。学校要完善学校、家庭、社会三级化管理，促使三方能同频共振，能更好地沟通互动。

江村中学按照"目标一致，关系协调，责任共担，功能互补，机制共建"的思路，以补齐家庭教育短板为核心，全链条推进校家社共育工作，构建学校家庭教育指导服务体系，优化学校、家庭、社会三级化管理。以"道歉和让步"主题德育活动为例，学校首先通过互联网向家长传递该活动的育人核心，即要促使学生学会与他人和谐相处，能利用换位思考的方式解决问题，调整自己的言行；之后联系家长和社区，共同组织协同活动，保障该活动得以顺利开展。学校倡导家长要围绕家庭矛盾的具体事例，让学生尝试换位思考，站在家长的角度体察家长的内心活动，理解家长的观点。具体而言，当家长与孩子爆发争吵时，学校教师会通过互联网远程指导家长如何与孩子沟通，帮助家长或孩子认识到不能处处都以自我为中心，需换位思考。学校会联系社区中专门负责调解人际关系或者进行心理引导的组织或部门，让学生参与相关的活动，从而拓宽学生的视野，让他们认识到在社会生活中也要换位思考，端正日常言行举止，学会及时道歉和让步。由此，江村中学实现了校、家、社三级建联，建立了"互联网+"立体互动机制，从而更好地服务于教育。

三、面：以点带面，构筑区域协同管理网络

江村中学不仅力求搞好本校的校家社协同管理工作，还以自身校本案例为"点"，运用数字平台进行区域示范和推广，向"面"进行辐射，用网络传播本校的教育理念，让周边的农村学校也从中受益，不断提升区域影响力，合力构建区域家校协同管理网络。

第一，通过教育研讨活动、媒体报道等多种渠道，展示学校教育成果，扩大区域影响力。例如，学校参加了广州市第二届智慧教育成果巡展，以"数字化教学与管理应用，家校共育，协同发展"为主题，通过成果汇报、现场实例展示、"互联网+家庭教育"互动沉浸式公开课展示和专家沙龙等方式，展现了如何进行家校协同管理。活动直播辐射至广州市所有学校，以及清远英德、贵州平塘等多个区域学校，线上线下共计约5万人观看。又如，校长作为广州市七名校长代表之一，作了题为"乡村学校教育数字化转型'逆袭'之路"的主旨报告，全市所有中小学师生在线观看。通过该报告，学校向全社会展示了江村中学数字化家校协同管理的教育理念，并举例介绍了如何开展数字化管理活动。

不仅如此，学校通过广州电视台、"学习强国"、《广州日报》、"白云融媒

号"等媒体报道，让更多人了解了学校的家校共育新模式。通过多渠道展示，学校实现了有效的信息辐射，让更多人了解家校协同管理的重要性，让更多农村学校也利用数字平台进行家校协同管理，起到以"点"带"面"的效果，提升区域影响力。

第二，利用"线上+线下"的路径，通过跟岗学习、帮扶带、送教等形式，让其他农村学校认识到数字化家校协同管理的优势，进而也积极加入其中。例如，学校通过跟岗学习、分享经验、现场观摩、线上直播等形式，与贵州省平塘县第二中学、英德市石牯塘镇初级中学等帮扶学校共享交流自己的特色成果，将"互联网+家庭教育"这一智慧教育模式引入其他学校，实现区域协同管理。这不仅为其他学校的家校育人提供了路径，更激发了各校对该模式的二次创新。通过"互联网+"的形式，江村中学与联盟校的江村小学、江高镇中心小学以及周边区域的黄石学校等单位进行互动，共同促进教育协同发展。此外，各兄弟单位相继到江村中学参观学习，如广州市白云工商技师学院等10多所学校曾专程带队到学校交流学习。

教育需要讲情怀，而爱是一切的答案。随着时代的变迁，家庭教育已经不止步于道德层面。江村中学通过"互联网+家庭教育"品牌重点打造家庭教育特色，归结起来为四个字——心、行、醒、幸，即教育要用心，心动不如行动，要觉察自醒，从自醒走向幸福。未来，学校将秉承中小幼一体化、校家社一体化、向社会辐射的原则，继续推动学校家庭教育工作高质量发展。

本著作系广东省中小学"百千万人才培养工程"专项科研项目课题"基于无感知AI技术的教学与管理创新研究"（课题编号：BQW2024XZC025）的研究成果。

结　语

在松品教育的数字化特色创建与实践的历程中，我们不仅深入剖析了江村中学如何通过"松文化"这一独特的精神符号，构建起一套既符合当代教育精神又独具本校特色的教育体系，还见证了数字化技术在推动教育创新、促进学生全面发展中所扮演的重要角色。回顾这一探索过程，笔者不禁为江村中学取得的成就深感振奋，同时也对未来教育的发展充满了期待。

松品教育作为江村中学的核心教育理念，其理论基础深厚且广泛，涵盖了教育学、心理学、信息技术和社会学等多个学科的先进理论和实践成果。在数字化教育实践中，江村中学并非简单地模仿或照搬，而是在松品教育理念的深厚土壤上，进行了深入的本土化创新，不仅吸收了国际先进的教育理念和技术手段，更将其与自身特色相结合，形成了独具特色的数字化教育体系。

在新课程体系的构建上，江村中学以松品课程为核心，注重课程理念的创新与课程目标的明确。学校注重通过数字化特色课程的开发，将数字化技术巧妙地融入课程之中，使学生的学习体验更加丰富多彩，学习兴趣和积极性得到极大的激发。

在数字课堂新模式的构建上，江村中学则通过建设新型无感知 AI 数字课堂，实现"数智"技术与教学核心环节的深度融合，从而提高课堂教学的效率和质量，更在潜移默化中培养学生的自主学习能力和创新能力，同时也推动区域协同"双减"政策的深入实施，为特色课程教学路径的优化提供了有力支持。

在重塑教师数字化素养方面，学校通过数字化教学统筹管理与教师专业素养培养的双重路径，成功提升了教师的数字化教学能力与科研水平。他们的成长和进步，不仅为学生的健康成长与全面发展提供了坚实的保障，更为学校的数字化教育实践注入了源源不断的活力。

在重建数字化校家社育人网络的过程中，江村中学更是充分发挥了数字化技术的优势，通过推进数字化建设、开展系列化活动与完善三级化管理等措施，成功拓宽了校家社协同育人的空间与渠道，为学生的健康成长提供了更加广阔的社会支持与资源保障。

乘风破浪，思则进；齐心协力，为则成；任重道远，望则兴。江村中学在"松品立校，弘毅树人"的办学理念下积极响应时代号召，以松品教育为品牌核心，成功实现了数字化管理转型，成为区域内数字化管理的典范，同时也为其他农村中学探索出一条以信息化为引擎、助力学校特色松品教育发展的新道路。

参考文献

[1] 庄娜. 教育信息化2.0时代农村中学教师信息素养的现状及提升策略研究：以潮阳区农村中学为例 [D]. 南昌：东华理工大学，2022.

[2] 赫美玲. 农村中学教师信息化教学能力问题及提升策略研究 [D]. 长春：吉林外国语大学，2019.

[3] 薛杰宗. 信息化条件下农村中学化学教学方式的转变 [J]. 甘肃教育，2018（15）：76.

[4] 冯晴. 数字化赋能中学化学课堂教学：以改进"质量守恒定律"教学设计为例 [J]. 化学教学，2024（7）：30-35.

[5] 周冲，郭强. 数字化教学水平发展状况及影响因素分析：来自宿州市323个中学教师样本的调查 [J]. 宿州教育学院学报，2023，26（5）：52-57.

[6] 昂锋. 芜湖市田家炳实验中学：搭建数字化平台，实现学生自主管理 [J]. 中国德育，2017（19）：60-62.

[7] 李洪修，李晓漪. 数智化背景下学校课堂教学形态的转型与实现 [J]. 教育理论与实践，2024，44（34）：11-18.

[8] 刘泽政，马暄皓，刘永林. 共同体理论视域下家校共育的逻辑证成与政策路向 [J]. 教育科学研究，2022（10）：13-21.

[9] 杨赞波，田欢欢，梁雅钗. 智慧教育助力家校共育破解农村学校发展难题 [J]. 中国民族教育，2022（5）：27-29.

[10] 托尼·贝茨. 数字化时代的教学 [M]. 刘永权，武丽娜，译. 北京：中央广播电视大学出版社，2016.